講談社文庫

続・明治維新という過ち

列強の侵略を防いだ幕臣たち

原田伊織

講談社

続・明治維新という過ち
列強の侵略を防いだ幕臣たち　目次

はじめに　～「明治百五十年」という虚構～

ちょうど三年前になるが、『明治維新という過ち　改訂増補版』（毎日ワンズ）を上梓《じょうし》させていただき、昨年六月、これを増補して講談社文庫として再度世に問う機会を頂戴した。お陰さまで共に大きな反響を呼び、今もなおさまざまなご意見、ご感想をいただいている。真《まこと》に有難いことであり、厚く御礼を申し上げると同時に、明治維新解釈という問題に真摯《しんし》に向き合ってくださる読者諸兄に深甚《しんじん》なる敬意を表したい。

一部に、私を左翼反日主義者だとか、逆に右翼「トンデモ本」作家であるなどという反撥や怒りも寄せられているが、どこをどう読めばそうなるのか、今もって理解に苦しむ。今どき右だ、左だという古典的とも言えるレッテル貼りには何の意味もなく、史実は史実であって、いやしくも歴史に言及する者は、冷徹な史実に真正面から向き合うべきであり、今後もこの姿勢を崩すことはない。

俗にいう「明治維新」というものは、私たちの民族にとって過ちではなかったかということを、これまで一貫して問いかけてきた。そして、その時以降今日に至るまでの史実を、いいことも悪いことも一度白日の下《もと》に晒《さら》して検証する必要があること、「明治維新」という言葉そのものが「昭和維新」の時に一般化したことなどを申し上げ、幕末と特に昭和前期の軍国日本を一本の線で結ぶ必要性のあることを訴えてきた。現政権中枢の昨今の発言を聞いていると、それについてまだまだ補足すべきことがあると痛感している。

あの時我が国は、因循固陋《いんじゅんころう》な江戸幕府を征伐することによって開国し、近代化への道を歩み始めたという、極めてベーシックなところで史実とは全く異なる誤った歴史教育が、今や完璧に定着している。開国とは鎖国を解いたということであるが、江戸幕府が〝鎖国〟をしていたという事実は存在しない。

仮に、幕末動乱と言われるあの時「開国」したとすれば、それを行ったのは当然幕臣たちである。この幕臣たちの「開国」と言われる時期の外交交渉は、実に優秀なものであった。欧米列強外交団にされるがままということは決してなかったのである。それは、明治新政権の自己正当化のための後付けの決めつけに過ぎない。

阿部《あべ》正弘《まさひろ》政権の人材登用策もあって、幕末の徳川政権には極めて優秀な官僚団が一群となって成立していた。開国ということを述べるのなら、徳川テクノクラートとも呼ぶべきこの官僚たちの史実を無視するわけにはいかないのだ。

まだ幼かった私に切腹の作法を教え込んだ、当時としても時代錯誤の私の母は、同じ頃、私に次のようなことをしきりに語っていた。

「外交というものは、片方の手で握手をしながら、もう一方の手は拳《こぶし》を作っておくものです」

母が何を企図して幼い私にこのようなことを言ったのか、今となっても想像だにし難いが、少なくとも外交交渉の本質を言い当てていたような気がする。「拳」という言葉が軍事力を意味するのか、或いは外交交渉における心構えをシンボリックに表現しただけのものであったのか分からないが、いずれにしても、戦後日本人がもっとも不得手《ふえて》とする姿勢であることは否定できないであろう。

母はまた、こういうことも語っていた。

「戦争とは、外交の最終ステップのことを言います」

その時、幼かった私自身がどういう言葉を返したのか、我が身のことながら全く記憶にないのだが、母の言葉だけが今なお鮮明に残っているのだ。

確かに、日露戦争が回避不可能と思われる段階に差しかかった時、児玉源太郎《こだまげんたろう》は、外交交渉が決裂して開戦した場合の戦争の終わらせ方を考えていた。終戦の仕方を全く考えずに開戦するなどということは、時代を問わず、通常あり得ないことである。それをやってしまったのが、大東亜戦争（太平洋戦争）という無謀な戦争に走った昭和の軍部であった。

幕臣官僚たちが一致して考えていたことは、勝てない戦《いくさ》はやってはならぬということであった。攘夷派の末端大勢は逆に、勝てない戦であっても夷狄《いてき》を神国に入れてはならぬという精神論しかもち合わせていなかった。大東亜戦争時の「撃ちてしやまん」と全く変わらなかったのである。

欧米列強と戦をやっても勝てぬとなれば、外交交渉で防ぐしかない。軍事力の裏付けなくして外交交渉が成り立つのか。それを成り立たせた幕臣官僚たちの外交交渉は、決して完璧なものではなく、ただただ必死の対応であったと言える。彼らは、知力と胆力と人間力で列強と渡り合ったという印象を受けるのだ。そして、心底にもっていたものは、この国の平和と安全を保障してきた政権を守る、つまり、国家を守るという武家としての覚悟であったと言えるだろう。

日米交渉に当たった岩瀬《いわせ》忠震《ただなり》などは、幕臣でありながら、幕府が滅びても国家を滅ぼすわけにはいかぬという、見事な覚悟を以て事に当たっている。小栗上野介《おぐりこうずけのすけ》も、「幕府が滅びても次の世に残すべきもの」として製鉄所の建造に心血を注いだ。関ヶ原以来の怨念に支えられて討幕を命題としていた薩摩・長州の過激派は、ただ幕府の足を引っ張るだけで良かったのである。

血に飢えた狼のようにアジア諸国を侵略した欧米列強ではあったが、日本に対しては決して露骨な侵略意図をもっていなかった。いや、もち得なかったと言った方が的を射ているかも知れない。彼らの目に映った徳川日本とは、小さな政府ながら幕府が全国をコントロールしており、同時に諸大名による分割統治と両立させているとも見え、それは地方分権が高度に成立している連合政体とも映ったはずである。そして、それぞれの地方政府は、小なりといえども軍備をしており、これを全国規模で武力制圧することは簡単にはいきそうにもない。なおかつ、民衆の文化・教育レベルが高く、独特とはいえ法律も緻密に整備されている。このような国柄というものを列強に理解させたのも、直接外交交渉に当たった幕臣官僚たちである。

即ち、欧米列強の日本侵略を防いだのは、徳川日本の体制そのものであり、また、高度な教養と倫理観を身にまとった他ならぬ幕臣官僚であったと言っていいだろう。このような幕臣たちの足跡は、専守防衛の歴史としても記憶されるべきである。

一方、激しく攘夷を主張した薩摩・長州という歴史的な反徳川勢力は、裏では大英帝国と気脈を通じながら、「尊皇」という時代の気分に乗って、その「皇」であるはずの天皇を政治的な道具として徹底的に利用しつつ、ひたすら幕府の足を引っ張った。彼らが「尊皇攘夷」の実践として京で繰り広げた反幕行動としての殺戮《さつりく》は、どうみてもテロリズムと断じざるを得ない。残念ながら、よほどの胆力を以て臨まない限り、いつの世もテロリズムは一定の効果を上げるものである。幕末社会の正義の基準は、「官」か「賊」かという原理主義者得意の善悪二元論であったが、彼らが最終的に「官」となったことも、テロリズムの有効性を示すものであると言えるだろう。

しかし、天皇を「玉《ぎょく》」と呼び、どこまでも政争の具として利用しておきながら、また、大英帝国の支援を受けていながら「尊皇攘夷」を喚《わめ》き続けた討幕勢力とは、「官」を名乗りはしていたがその実態は「賊」ではなかったか、即ち「官賊」と呼ぶべきものではなかったか。この言葉は、徳川政権が公式にその歴史に幕を閉じた後に、大義なき戦を仕掛けられた会津人たちが、文字通り必死の防衛戦を繰り広げたその時に、実際に使った表現でもある。

本来、「官」だ、「賊」だとレッテルを貼ることに有益な将来効果は何もない。しかし、幕末維新史というものは、百五十年経った今も、一本の時間軸を引いて整理、検証されたことがないのである。勝者が歴史を書くことが当たり前だとすれば、百年も経てばそれは一度「総括」されなければならない。どの民族の歴史においてもそれは為されているのだ。ひとりそれを行っていないのは、近代日本人ぐらいであろう。

ここで言う「総括」とは、武家の言葉に置き換えれば、幕末以降の歴史において、その歴史の成立に責任を有する者や組織は、まずは一度「始末」というプロセスを踏まなければならないということである。

武家の世界でいう「始末」とは、一つの行為が何びとかに災いや不幸をもたらした時、その行為を為したり、発生せしめた者や組織は、人間社会の倫理（人倫）に照らして相応の責任をとらなければならないというような意味である。「始末」が行われない限り、事は前へ進まないのだ。幕末維新史は、百五十年を経た今、「始末」というステップを踏むことを求められているのではないか。それがあってはじめて、将来社会をデザインすることができるのである。

「明治近代」は、平成三十年、百五十年という、短く貧弱ながらも一つの節目を迎えた。

その初期においては「長州閥」政治に支配され、その後はそれを引き継ぐ形で「長州型」政治が政治風土として深く染みついてしまって今日まで続いている。

「長州型」政治とは、二つの柱から成り立っている。

一つは、「天皇原理主義」とも言うべき、天皇の政治利用である。幕末、長州藩は討幕の手段、道具として孝明天皇と幼い明治天皇を徹底して利用した。明治以降の八十年は、天皇に神性をもたせ、国民を「皇民」として「天皇原理主義」一色に染め上げ、国家を破滅に導いたのである。

いま一つは、商人、財閥という経済勢力と政治を一体化させたことである。富国強兵、殖産興業の実態を検証すれば、それがいわゆる「官民癒着」を生んだことは明白なのだ。大東亜戦争の最中に、南方戦線の現場で陸軍将校と旧財閥から派遣されていた〝営業マン〟との間で交わされていた慄然《りつぜん》とするような証言会話が、ＮＨＫに残されているはずである。

明治憲法における統帥権《とうすいけん》をめぐって反軍部勢力を押さえ込んで戦争に突っ走っておきながら、敗戦の決断さえつけられずに「御聖断」と称して天皇をまたまた利用したのは昭和二十年のことであった。

この、「長州型」政治を成立せしめている二つの柱は、平成の今も健在である。

その詳細は本文で触れることになるだろうが、政党を問わず「長州型」政治を継承してきた戦後七十年の政権の中でも、現政権ほど露骨にこれを蘇らせようとしている政権はない。

教育勅語を閣議決定までして容認し、政権首脳が堂々と「明治精神」の復活をアピールし、選挙公約の実現には財界がいとも簡単に三千億円という資金を拠出するような〝事前協議〟を済ませておく。今上陛下《きんじようへいか》の退位問題、選挙権年齢の引き下げ問題等々に潜んでいる「長州型」政治の特性を、メディアは敢えて知らぬふりして平成を終えようとしているのである。

「明治精神」への回帰とは、戦前の「昭和維新」運動の際の〝狂気のキャッチフレーズ〟そのままではないか。あの時、「天誅」の名の下《もと》に何人の反軍部の政治家が暗殺されたか、よもや知らぬとは言えないだろう。このような出来事は歴史の部類に入らないほど「つい先頃」の厳然たる事実であるが、歴史を知らない若者が政治参加することは、現政権にとって実に都合のいいことであろう。

お断りしておくが私は、まさに占領軍憲法である現憲法を平和憲法などと微塵《みじん》も思っておらず、従ってこれを護持すべきとは全く考えていない。しかし、「長州型」政治を頑《かたく》なに保持し、たかだか百五十年という短い「過ち」の歴史を何も検証しないばかりか、この期《ご》に及んでもまだその「隠蔽《いんぺい》」と「捏造《ねつぞう》」の歴史を美化しようとする勢力に憲法に手を触れさせる心算《つもり》はない。

「明治百五十年」というキャッチフレーズは、当初「明治維新百五十年」と謳《うた》われるはずであった。ところが、さすがに「天誅」を肯定する水戸学由来の言葉である「維新」という表現だけは削除せざるを得なかった。それは、一種の「後ろめたさ」の為せるところに過ぎないのではないか。「文化の日」を「明治の日」と改称しようとする意欲も、まだ完全に消え去ったとは聞かない。

思えば、「江戸は遅れた貧しい時代」であったとしてこれを「全否定」したのは、明治近代政権であった。その後の官軍教育が、「隠蔽」と「捏造」に満ちたものであることは、今や多くの学者、研究者も認識しているところであり、「明治百五十年」とは虚構の歴史の百五十年である。

人類の歴史上、他に例をみない永きに亘《わた》った「徳川の平和」に、今、世界が注目している。その平和維持の仕組みや社会を支配していた倫理観、加えてオリジナルな自然観を守って世界一の大都市でありながら資源循環型の持続可能社会を実現させた時代の存在は、私たち日本人の誇りであり、宝である。

そういう時代を支えてきた江戸人でもある徳川幕臣たちが、押し寄せる欧米列強の圧力にどのように向き合ったか。その必死の防衛努力こそ、これから始まる次の世に必須の、継承すべき歴史情報ではないだろうか。

本書でこのことを語るに際して、参考文献・資料について改めてお断りしておきたい。

近年、何かにつけて一次資料だ、二次資料だ、或いは「史料」がどうこうと、参考文献・資料に関することを批判、誹謗《ひぼう》の材料とすることが〝流行《はや》っている〟ようにみえるが、余り益のあることとは思われない。一次だ、二次だというのは、学者の世界の論文で言うことであって、歴史書全般について同じ形式や要件を当てはめる必要は全くないと考えている。何故なら、先《ま》ず第一に読者の方々が読み難《にく》いからである。

我が国評論家の第一人者、社会評論の巨星と言ってもいい大宅壮一《おおやそういち》氏に『実録・天皇記』という、本書のテーマにとっては有益な著作がある。大宅氏といえば「恐妻」「駅弁大学」「一億総白痴化」など、数々の造語を創り、特に戦後の日本社会の浅薄さに鋭い刃を向けた論客であったことは、誰もが知るところであろうが、氏が天皇論を著していたことは意外に知られていない。

これを著す時、大宅氏は草柳大蔵《くさやなぎだいぞう》氏をアシスタントとしてあちこち捜し回って膨大な資料を買い込み、緻密に調べ上げた。しかし、『実録・天皇記』には、参考資料一覧も何も載せていない。これについて、大宅氏自身が、以下のように語っている。

――私の解釈や意見には独断があるかもしれないが、使った資料にはすべて確かな
出所がある。ただし学術書ではないので、一々典拠を明らかにしたり、註を

つけたりするわずらわしさは、わざと避けた。――

私の考えも全く同様である。しかし、私はどこをどう切り取っても、とても大宅氏のレベルに及ぶわけがないので、最小限という程度で引用資料・史料、参考資料を本文中に挿入した。但しそれは、読者諸兄が独自に勉強、研究される場合に極めて有用と判断したケースにおいてのみに留《とど》めた心算である。更に、巻末に主要な資料・史料を一覧した。

例えば、勝海舟の『氷川清話《ひかわせいわ》』ほど誤りが多くて当てにならない史料はない。新撰組永倉新八の『新撰組顚末記《てんまつき》』も同様である。大事なことは、可能な限り複数の資料・史料に接すること、洞察力を絶えず鋭敏にしておくこと、往時のマクロな政治環境、社会情勢などを常に意識しておくことなどではないだろうか。「どう考えてもこれはおかしい」と囁《ささや》く声が内から聞こえてくれれば、大きな誤りは犯さないものである。

歴史書ならなおさら、異論反論があって然るべきである。それが書物の価値を高めてくれることも少なくない。賢明なる読者諸兄の「健全な反論」をお願いする次第である。

平成三十年戊戌　水泉動

井の頭池にて　原田伊織

第一章　鎖国とは何であったか

1　鎖国という言説

「鎖国」という表現は、なかなかうまい言い方である。

江戸時代、我が国は諸外国との交際、つき合いを一切行わず国を鎖《と》じていたとし、この状態を「鎖国」というひと言で表現してきた。諸外国との交際をしないということは交易も行わないということであり、江戸期日本は日本列島を住処《すみか》として自給自足の生活を営んでいたということになる。

自給自足の生活を維持していたということは、概《おおむ》ね正しい。但し、寸分違《たが》わず、蟻一匹入り込めぬという精緻さを以て国を鎖じていたわけではない。密入国を図った宣教師も少なからずいたし、外国船に救助され、数年後に帰国してきた漁師もいる。これらは、あくまで例外的な、いってみれば埒外《らちがい》の事例であって、ここで言っているのは、政策として、体制としてそういう精緻さで国を鎖じていたことはないという意味である。

今や広く知られている通り、江戸期には「四口」と言われる四つの対外貿易窓口が存在した。長崎口、対馬口、薩摩口、蝦夷口がそれである。私たちが教えられてきたこれまでの歴史教育、いわゆる官軍教育では、対外貿易は出島（長崎口）を経由して細々とオランダと交易していただけということになっていたが、これは実態とはかなり異なる。つまり、史実ではない。

対馬口は、対朝鮮貿易の窓口であったが、長崎・出島のように幕府が直接その交易を管理していたわけではない。対馬藩宗家に委託していたと言った方が実態に近いだろう。対馬藩は同時に、幕府の対朝鮮外交を中継ぎする役割も担った。同様に幕府は、薩摩藩島津家による対琉球貿易、或いは琉球を経由した貿易、松前藩松前家による対アイヌを含む北方貿易を認めていたのである。薩摩（薩摩口）、松前（蝦夷口）の場合は外交的要素を全くと言っていいほど含んでいないので、委託していたというより特例として認めていたと言った方が更に実態に近いだろう。

そもそも鎖国という言葉を江戸幕府が使っていたかといえば、そういう事実を私は知らない。嘉永六（1853）年、ペリー来航の際、幕閣の間で初めてこの言葉が使われたという如何にももっともらしい説があるが、これはどうであろうか。当時、鎖国について使われたのは「祖法」という表現であるという説もあるが、鎖国は先祖から受け継いだ犯してはならない祖法であるという意味で使われた「鎖国祖法」という言い方は、後世の造語であるようだ（大島明秀『「鎖国祖法」という呼称』論文・熊本県立大学）。鎖国という言葉が広く一般に普及したのは明治になってからのことである。

鎖国という言葉やその概念については、研究書としては、大島明秀氏の『「鎖国」という言説〜ケンペル著・志筑忠雄《しづきただお》訳「鎖国論」の受容史〜』（ミネルヴァ書房）が、もっとも精緻に論述していると思われる。大島氏は、日本人の鎖国意識が、日本人の閉鎖性や単一民族意識、他者に対する優位意識など、その歴史観や民族としての発想を規定してきたことを指摘し、これを単なる言葉としてではなく、「言説」と捉え、「未来に開かれた社会を構築していくためには」この、日本人の発想を規定している「鎖国言説」からの解放が必要であると説く。この主張には、私は全く同意である。

鎖国文化論とも言うべき大島氏の鎖国言説論は実に細密で、多くの鎖国関係資料そのものがこれをそのまま借用している。

要するに、鎖国ということについて私たちが基本的に知っておかなければならないことは、以下の事柄である。

まず第一に、鎖国という言葉は江戸期全般を通じて存在した言葉ではなく、明治になってから普及した言葉であるということだ。この言葉の初出は、オランダ語通詞志筑忠雄（別名・中野忠次郎）による訳本で、西暦でいえば１８０１年のこととされる。この訳本の写本を『鎖国論』と言っており、鎖国という言葉はここから出たとするのが通説である。

志筑が訳した原本は、元禄三（１６９０）年に来日した北部ドイツ出身の医師エンゲルベルト・ケンペルが帰国後に書いた論文である（刊行されたのは彼の死後）。英語で刊行されたこの論文のオランダ語訳本を志筑が訳したのだが、そのタイトルが長過ぎた。『日本王国が最良の見識によって自国民の出国及び外国人の入国・交易を禁じていること』（大島明秀氏）というのだが、志筑は、翻訳本文中に使った一語からこれを『鎖国論』と題した。江戸期日本でこれは出版されるに至らず、限られた範囲に写本として伝わっただけで、そのこともあって鎖国という言葉が江戸社会に広まることは遂になかったのである。

第二に、例えば「鎖国令」というような一つの法令が発せられて海外との交流が禁止されたわけではないということだ。そもそも鎖国令という名称の法令など、存在しない。鎖国という言葉の成立について触れたばかりだが、そのことによってこれは既に明白である。ところが、初等、中等教育の現場ではこのことが意外に無視されているようで、大学生でも鎖国令という禁令を幕府が発して江戸期の日本が諸外国との交流を自ら絶っていたと信じている者が多いことに驚かされる。

第三に、後世言われる鎖国という状態、体制は、時間をかけてステップを踏んで完成したものであるということだ。「関ヶ原の合戦」に勝利した徳川家康が慶長八（1603）年に征夷大将軍に任じられ、江戸幕府＝徳川幕府の時代、即ち、江戸時代となる。江戸時代に入った途端に〝鎖国〟政策が採《と》られたかといえば、そういう史実はなく、この政策は二代将軍秀忠、三代将軍家光の治世下において順次形を整えていったものである。幕府を開設した家康にはむしろ、国を鎖ざすとか海外との交易を禁止するといった意志、意向は、特に開幕《かいばく》初期においては全く感じられない。家康が、イギリス人ウィリアム・アダムスやオランダ人ヤン・ヨーステンを厚遇したことはあまりにも有名であるし、当時平戸を拠点として対日貿易を展開していた英蘭両国に、江戸に近い浦賀に商館を開設するように強く勧めたほどである。では、幕府は何故、いわゆる鎖国体制を採るに至ったのか、これについては次節以降で詳述しておきたい。

第四に、いわゆる鎖国の眼目は、幕府による貿易管理にあるということだ。貿易独占と言っていいかも知れない。切支丹《きりしたん》（キリスト教）の禁令から始まり、後に海外渡航も禁止したため、ややもすると政治外交的側面のみを強調する向きもあるが、眼目はどこまでも貿易管理である。

海外交易による利潤は大きい。「小さな政府」であった徳川幕府としては、外様雄藩、西国雄藩が海外交易によって潤沢になることは脅威である。現実に幕末の薩摩藩などは、密貿易によって大きな利益を上げ、密貿易収入がなければ藩財政が成り立たなかったと言われている。薩摩藩が握っていた琉球貿易は大いに儲かったようで、「船一艘で蔵が建つ」と言われていたらしい。つまり、一航海するだけで千金の利潤が期待できたのだ。もともと火山灰台地である薩摩の土地は、米作には不向きで単位当たりの収量は多くない。米を基軸とする江戸期の経済システムの中で各藩は、和紙、漆器、生糸《きいと》、塩、更には染料やお茶など、それぞれの特産品の増産を図って現金収入を確保しようとしたが、薩摩には何があるか。煙草、砂糖ぐらいであった。それとて薩摩藩内でも産地が限られ、とても生糸や漆器、お茶などに敵《かな》うものではない。かくしてこの藩は密貿易に頼った。この藩にとって密貿易は〝特産品〟であったと言ってもいいのだ。

このこととあながち無関係とは思われないが、この藩には一時期極端な蘭癖《らんぺき》大名（島津重豪《しげひで》＝斉彬《なりあきら》の曽祖父）が現れ、五百万両という莫大な借金を作った。蘭癖とは、平たく言えば西洋かぶれのことで、実は島津斉彬も重豪に勝るとも劣らない蘭癖であった。他にも蘭癖大名はいるが、薩摩藩島津家に極端な蘭癖大名が現れるのは、結局この藩が密貿易という形ではあったが琉球を経由して南方と繫がっていたからであろう。

島津重豪が、蘭癖であったが故に作った莫大な借金は、家老調所広郷《ずしよひろさと》の努力もあって、また彼を犠牲にすることで消したが、それとてこの藩には密貿易という確かな手だてがあったから成り立った話である。

江戸幕府成立当初から幕府が危険視し、注意を怠らなかったはずの薩摩藩島津家は、幕府による貿易管理の目をかいくぐって結局密貿易によって財を蓄え、それでイギリスから最新鋭の兵器を購入し、軍事クーデターによって幕府を倒してしまうのである。貿易管理とはいうものの、幕府の管理が緩かったということになるだろう。ただ、幕府は座していたわけではなく、確たる証拠を掴むためにしきりに密偵を放ったが、島津領内に入った密偵が生きて還ることは殆《ほとん》どなかったと言われる。これら密偵のことを「薩摩飛脚」と言うが、この言葉が今日まで伝わるほど、その存在は半ば公然としたものであったとも言えるだろう。

それにしても、対外協調路線を採った幕府に抗して「尊皇攘夷」を掲げ、遂にはこれを倒した薩摩藩が、密貿易とはいえ海外交易の利潤によって成り立っていたとは実《まこと》に奇妙な話のように思えるが、こういう点にも官軍教育の意図的とも受けとれる不備があるのだ。

いずれにしても、鎖国ということについては、以上の四点を基礎的な知識とした上でその実態を考えていく必要があるだろう。

即ち、

・鎖国という言葉が、江戸期全般を通じて存在したことはなく、明治になってから普及した言葉であること
・鎖国令という名称の一つの法令があって、いわゆる鎖国状態を作り出したという史実は存在しないこと
・いわゆる鎖国状態は、時間をかけてステップを踏んででき上がっていったもので、江戸幕府成立と共に政策として採られた措置ではないこと
・いわゆる鎖国の眼目は、幕府による貿易管理にあったこと

以上、四点である。

私が、中学、高校で受けた日本史教育では、この四点はすべて欠落していて、幕府が頑迷《がんめい》に守り通そうとした不条理な排外主義としてネガティブに教え込まれたのである。

2　宣教師たちの目的

平成二十九年、遂に文部科学省は答申を受け容れ、次期学習指導要領の実施を機会に学校教科書から「鎖国」という言葉を削除することを決定した。ところが、驚くべきことに、教育現場の先生方がこれに強硬に反対したのである。その理由がふるっている。「開国」という言葉が教科書にあるので、それに対する「鎖国」がなければおかしいというのだ。何という詭弁《きべん》か。これが、今の我が国教育現場の論理レベルなのである。

世界史を必修科目とし、日本史を選択科目として自国の歴史に正面から向き合おうとしてこなかった教育現場のことはここでは無視して、話を進めたい。

鎖国という言葉が明治になってから一般化した言葉であることは述べた通りであるが、ここでは、後にその言葉で呼ばれた江戸期の対外関係の状態を便宜上そのまま「鎖国」と表現することにする。

鎖国がどういうステップを踏んで形成されていったかを振り返っておきたいが、基盤に横たわる問題として戦国末期まで遡《さかのぼ》らないと往時の鎖国に至る政権担当者のメンタリティというものが理解できないと思われる。

慶長五（1600）年三月、リーフデ号というオランダ船が豊後《ぶんご》の臼杵《うすき》に漂着した。これに乗っていたのが、イギリス人ウィリアム・アダムスとオランダ人ヤン・ヨーステンたちである。

余談ながら、外国船が漂着した時、臼杵城主太田一吉《かずよし》はどう対応したか。リーフデ号が自力では接岸できないので、太田家中は小舟を出して乗組員を救助した。そして、長崎奉行に報告し、指示を仰いだ。当時から江戸期にかけて、こういうことが日常的に発生したわけではないが、一応常識的な対応ではなかっただろうか。長崎奉行は、乗組員を尋問し、船を検分、武器弾薬を押収した上で大坂へ報告、指示を仰いだ。

この時、慶長五年三月とは、「関ヶ原の合戦」の半年前である。ということは、時の天下人は豊臣秀頼であり、政権は大坂にあったわけだ。豊臣政権は五大老五奉行制によって運営されており、五大老の〝首座〟は徳川家康である。リーフデ号の一件も家康の指示によって処理され、重体以外の乗組員は大坂へ送致、船体も大坂へ回送となった。これが、リーフデ号航海長ウィリアム・アダムス、航海士ヤン・ヨーステンと家康との出会いである。

家康は、二人を厚遇した。ウィリアム・アダムスに三浦按針《あんじん》という日本名を与え、二百五十石取りの旗本に取り立てたのである。知行地は、相模国逸見《へみ》。ここに、イングランド出身の直参旗本が誕生したのである。彼は日本女性と結婚し、一男一女を儲け、三浦家は嫡男ジョセフが相続している。

一方、ヤン・ヨーステンは、江戸城内堀内に屋敷を与えられ、耶揚子《やようす》という日本名も授かった。彼の屋敷の在った場所が現在の八重洲辺《あた》りであり、八重洲という地名は彼の日本名・耶揚子が転化したものである。

三浦半島逸見に知行地を与えられた青い眼のハタモト三浦按針、八重洲の地名の由来となった耶揚子、このエピソードで二人を思い出された読者もおられるのではないだろうか。この種の史実については、私どもの中学時代の歴史教科書にはきちんと書かれていたのである。

話を本筋に戻そう。

鎖国と聞くと、私ども官軍教育で歴史を叩き込まれた世代は、まず長崎・出島を連想する。国を鎖ざして海外との一切の交流を絶ってはいたが、唯一長崎・出島のみで細々とオランダと交易していたと教えられたものである。このこと自体は全くの誤りとは言えないが、参勤交代と共に鎖国政策を、江戸幕府を支えた二大統治施策であったと教えていたことを思うと、あまりにも不十分な説明と言わざるを得ない。

周知の通り、江戸幕府成立以前から、即ち、安土桃山時代から南蛮貿易が行われていた。交易相手は、ポルトガルとスペインであるが、圧倒的にポルトガルとの貿易量が多く、南蛮貿易とはポルトガルとの交易であったとしても実態として間違いではない。

もともと南蛮という言葉なり概念は漢民族のもので、中華に帰順しない南の未開人を指す蔑称であった。特にヨーロッパ人を指した言葉ではなく、中華思想では北方に住む未開人を北狄《ほくてき》、東に住むそれを東夷《とうい》と呼んだ。中国人（漢民族）からみれば、時代によっては日本人は東夷であったのだ。尤《もっと》も、朝貢すればそれはもう夷狄《いてき》ではなくなる。実に勝手な概念ではあるが、日本人はこの言葉を借用した。

ところが、我が国では南蛮という言葉をヨーロッパ人

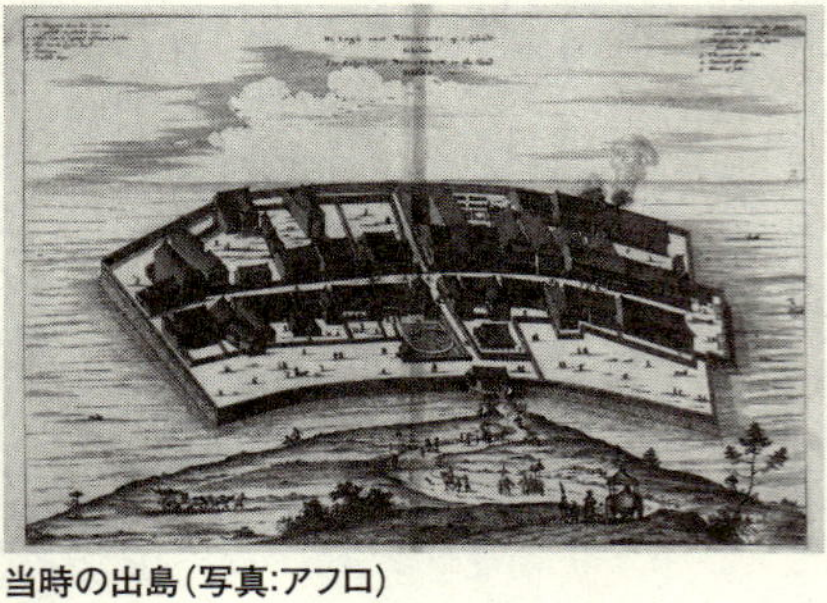

当時の出島（写真:アフロ）

に当てはめたのである。何せ島国のこと故、南も海であって、南の海からやってきた野蛮人ということで、狭義にはスペイン人、ポルトガル人を指し、北ヨーロッパのイギリス人やオランダ人に対しては「紅毛」という言葉を使った。「紅毛」も南の海からやってきたのだが、一定規模以上の来航はポルトガル人、スペイン人の方が先であったのだ。もし、信長や秀吉に拝謁《はいえつ》するほどのヨーロッパ人が圧倒的に多くイギリス人であったなら、イギリス人が南蛮人と呼ばれていたかも知れない。

それはともかく、漢民族が南蛮や北狄を純粋に蔑称として用いたのに対し、我が国では直《す》ぐに蔑称というより、異国のもの珍しい文物を意味するニュアンスが強くなった。スペインやポルトガルとの交易、即ち、「南蛮貿易」が始まると、比較的直ぐに「南蛮渡来」という表現が使われたようである。「南蛮渡来」とは、南蛮人、即ち、スペイン人やポルトガル人がもたらした珍しいもののことを指した。後世の「船来品」と全く同義である。「船来品」という言葉は、

「そりゃ、船来品だから高いさ」

といった具合に、私の二十代の頃でも身近に聞くことができた言葉である。

さて、その南蛮人が初めて日本に来航したのは、１５４３年とされており、それはポルトガル人であって、彼らが種子島に鉄砲を伝えたということになっているが、こ

れが間違いのない史実かどうかは意外に定かではないのだ。一方、バスク人の宣教師フランシスコ・ザビエルが１５４９年に来航し、我が国にキリスト教を伝えたことは定説となっており、大体十六世紀の半ばから南蛮人の渡来が始まったと考えておけば、大きな間違いはない。

では、スペイン人、ポルトガル人、即ち、南蛮人の渡来目的は何であったのか。私たちは、単純にキリスト教の布教であると考えてきた。そのように教えられてきたのである。確かに、先ず渡航してきたのが宣教師たちであるという事実から、それは全くの間違いではない。では、布教だけが、或いは布教と交易だけが目的であったかといえば、これはそうだとは言い難いのである。何のために布教するかを考えてみればいい。

この時代のキリスト教宣教師たちのキリスト教圏外への布教とは、宗教のもつ根源的な善意の教宣意識から発した行動のみではないのだ。結論から言えば、布教の最終目的は布教地の征服であった。征服の形が産業革命と共に「植民地化」という形を採るのだが、要するに民族という枠を無視、または排除して同一宗教化するということである。これは、キリスト教という一元思想的な性格をもつ宗教が本質としてもっている膨張主義であると考えることができるが、後世、共産主義という思想が民族、国家の枠を越えて常に対外膨張を志したのも、結局はそれが一元主義的思想に他ならないからである。その共産主義が宗教を否定してきたことは、茶番とも言える皮肉な現象であるが、それもまた一元主義ならではの現象であると言えるだろう。勿論、共産主義者がお題目のように唱える「科学的」という思考回路を精緻に分析しないと、私の言い方は単に「乱暴」と言われても仕方がないのだが、一元主義の克服が今日的な課題であることは否定のしようがないのだ。

十六世紀半ば以降、即ち、戦国末期から江戸期にかけて日本でキリスト教布教を展開した中心勢力が、イエズス会であった。

イエズス会とは、「教皇の精鋭部隊」とも呼ばれる男子の修道会で、中心的な創立メンバーが騎士たちであったせいか、多分に軍隊的、戦闘的な性格を帯びていた。フランシスコ・ザビエルは、創立メンバーの一人である。ザビエルと並んで我が国でよく知られているのは、織田信長の庇護《ひご》を受け、有名な『日本史』を著したルイス・フロイスであろう。

ルイス・フロイスは、戦国期の永禄六（１５６３）年に来日したが、彼が活躍したのは、大雑把《おおざっぱ》に言えば信長・秀吉の時代である。私たちは、この時代の後半を安土桃山時代と呼んだりするが、打ち続く戦乱が終息していたわけではなく、安土桃山時代とは、末期ではあってもまだまだ戦国時代であったと認識すべきなのだ。フロイスも、その著作『日本史』(平凡社刊など)において特に九州で行われた大小多くの戦についてその実相を伝えている。

フロイスも見聞した我が国戦国期の戦の実態について詳しく述べていると、これはもう大変な作業となり、全く紙幅も足りないので別の機会に譲るが、江戸期の鎖国を成立させたことに繋がる要因として無視できないことのみは簡略にでも整理しておきたい。

一つは、戦国期の戦の主役は武士(騎馬)ではなく、圧倒的に雑兵《ぞうひょう》であったということだ。戦国期の「侍」とは武士のことではなく、武家の奉公人で戦場《いくさば》で主人を助けて戦闘に参加する若党《わかとう》や足軽のことを指す。主人の馬を引いたり、槍をもったり、或いは食糧などの物だけを運ぶ者は、中間《ちゅうげん》や小者《こもの》、「荒らしこ」たちであり、彼らは総称して「下人《げにん》」と呼ばれた。この「侍」や「下人」が戦場における雑兵であり、「侍」の中には〝臨時雇い〟の者も多く含まれていたのである。臨時雇いとなると、それは「傭兵《ようへい》」であるが、私たちは傭兵と聞くと我が国の戦の歴史には無縁であるかのような印象をもってしまうが、我が国戦国期の戦場にも傭兵は普通に存在したのである。

戦の主役である、傭兵を含む雑兵は、戦場で何をやったか。これは、殆ど例外なくはっきりしている。乱獲《らんど》り、掠奪《りゃくだつ》、生産破壊である。掠奪も含めた濫妨狼藉《らんぼうろうぜき》を乱獲りと総称する。これらは、放火や強姦などを伴い、時に戦術として展開された。

今でも武士道と呼ばれる武家の佇《たたず》まいや心得というものは、江戸期になって精緻に完成した武家の精神文化のシンボリックな発露《はつろ》であると言えるが、そこに至る直前の戦国期の戦場では、そのような倫理性を重視した姿とはほど遠い非倫理的とも言える行為がまかり通っていたのである。ただ、誤解してはいけないことは、武士は基本的に乱獲りといった行為を行わなかった。雑兵たちのそれを黙認していたのである。但し、武士でありながら強姦を行い、首を刎《は》ねられた例は存在する。

雑兵たちのこういう行為を、例えば倫理の欠落だとか、例えば極悪非道《ごくあくひどう》と言うことは容易《たやす》い。しかし、雑兵たちは、生きるために合戦に参加し、生きるために掠奪を行っていたこともまた、紛れもない真実なのだ。

この時、掠奪の主たる対象は何であったか。食糧と人である。そして、よりいい稼ぎになったのが人であって、人の掠奪という事実を無視して戦国の実相というものは語れないのだ。更に推し進めて知っておくべきことは、主に九州の戦場における掠奪した人の売買、即ち、人身売買に、イエズス会や南蛮船が深く関わっていたという史実である。実はこのことが、鎖国と呼ばれる政権の採った政策の背景に厳然と、潜《ひそ》むように横たわっている。史実としての鎖国というものを理解するには、少なくとも戦国の戦場で繰り広げられた人の掠奪とその売買の現場まで遡る必要があるのだ。

3　何でもありの戦国の戦場

戦国期の合戦に参加していた者は、ほんの一部、具体的には一割程度の武士と、「侍」「下人」そして、徴用された百姓であった。ここでいう「侍」とは、「悴者《かせもの》」「若党」「足軽」の総称であって武士とは根本的に異なる。「中間」「小者」「荒らしこ」などを「下人」と総称し、彼らの仕事は槍をもち、馬の口をとって主人である武士の戦闘を助けることである。そして、村々から徴用された百姓は「陣夫《じんぷ》」「夫丸《ぶまる》」などと呼ばれ、物資の運搬に当たった。実際の戦闘に参加するのは武士と「侍」までであって、「下人」「陣夫」には合戦に参加する資格はなかった。とはいえ、武士と「奉公」関係を結んでいるか否かの相違があるだけで、「侍」も「下人」もその出自は殆ど百姓である。

更に、前述した通り戦国期の合戦には意外に傭兵が多いのだ。世は、凶作、飢饉の連続である。合戦で「刈田《かりた》狼藉《ろうぜき》」に遭って、耕作できなくなったというケースも多い。あとは、戦場へ行くしか食う道がないのである。「悪党」と呼ばれたゴロツキや山賊・海賊の類《たぐい》も戦場に集まった。「侍」「下人」にとっても、百姓の次男坊、三男坊にとっても、ゴロツキたちにとっても、戦場は稼ぎ場であったのだ。特に、端境期《はざかいき》の戦場は、これ以外にはないという切羽詰まった稼ぎ場であったのである。商人たちにとっても、戦場はまたとない稼ぎ場であったのだ。

戦場に商人とは意外に思われる読者も多いだろうが、このことはひとまず措《お》くとして、雑兵である「侍」や「下人」「陣夫」更には傭兵たちは、何を、どうやって稼いだのか。ひと言で言えば、人と物を掠奪したのである。それが稼ぎであり、合戦とは突き詰めれば「濫妨狼藉」、即ち、「乱獲り」の世界、もっと具体的に言えば「掠奪」「放火」「強姦」の場であったのだ。それを実行していたのが、「侍」以下の百姓たちであった。藤木久志氏は『雑兵たちの戦場』（朝日新聞出版）において、次のように述べている。

——これまでの多くの研究は（私も含めて）、戦場の人や物の掠奪を見ても、捕虜や現地調達は戦争の常とし、女性や子どもの生捕《いけど》りや家財の掠奪にまで免罪符を与え、戦場の村の苅田や放火も「刈り働き」「焼き働き」などと呼んで、大名の戦術だけに矮小化《わいしょう》し、戦場の村の安全を保障する「制札」に注目しても、その裏にある村の戦禍に目を向けず、人身売買を論じても、戦場の奴隷狩りは問題にもしなかった。民衆はいつも戦争の被害者であった、という類いの記述も、至るところにあふれていた。だが、その叙述は具体的な事実との間の緊張を欠き、民衆は哀れみの対象でしかなかった。私にはその反省がある。――

つまり、戦国期の戦場で繰り広げられた人と物の掠奪とは、捕虜としての掠奪ではなく、また食糧の現地調達という意味での掠奪に留まらないものであって、奴隷狩りとしての人の掠奪、稼ぎとしての物の掠奪であったということだ。そして、戦国前期は特に、この掠奪が合戦の目的になっていたことも多かったのである。

さて、日本国南端・薩摩の島津氏は、北上に北上を続け、天正十四（1586）年頃にはかつて九州全域に君臨していた大友氏を豊後に閉じ込めるまでに勢力を拡張していた。以下は、合戦に次ぐ合戦を重ねた、その過程での島津軍についての記録のごく一部である。

・五十余人討取り候、男女・牛馬、数知れず取り候
・頸数《くびかず》二百三十六、生捕り多し
・敵二人打取り候、この外に十五、六の童子壱人、生捕りにて、のき候
・打取廿八人、取人四十人、具足七百取る
・六十人打死、肝付《きもつき》の人を取ること四百人余り

「打取り」とは、首を取ることであるが、「生捕り」は殺さずに捕獲することであり、これが対になっている。そして、「生捕り」の方が圧倒的に数が多いのだ。

このような実態は、島津軍のみのことではない。以下は、肥後人吉の相良氏の合戦記録の一部である。

・敵千余人打取り、いけ取り惣じて二千人に及ぶ
・打取り五人、生取り五十三人、牛馬三十疋
・伏草《ふくそう》候て、海にすなどりに出候者、三人打取り、八人いけ取る
・小野の者、薪採り候を、七人取り候

「伏草」とは「夜《よ》討《うち》」と同様にいわゆる忍びの工作であって、雑兵が掠奪目的のゲリラ戦を仕掛けているのである。海へ漁に出てきた者や山で薪を採っていた者までを生け捕りにしている。

薩摩島津氏、肥後相良氏の事例だけだと、九州特有の現象と誤解されても困るので、畿内近辺の事例も挙げておきたい。和泉の守護職細川氏と、和泉と国境を接する紀州・根《ね》来寺《ごろじ》は、事あるごとに衝突してきた間柄であるが、この都に近い土地においても戦国の合戦はやはり「乱獲り」の世界であった。

・上守護《かみのしゅご》（細川氏）の披官人、日根野へ打ち入り、地下《じげ》といい寺庵といい、ことごとく乱法《らんぼう》せしめ、先番頭刑部太郎と脇百姓と、両人を生取りおわんぬ

・国（守護細川氏）より押し寄せられ候て、大名を召し捕り、宅を焼き、資財・雑具・牛馬など、ことごとく濫妨し候

・隣郷・傍庄は、ことごとく放火、あるいは生取り、あるいは切棄て、濫吹《らんすい》およそ法に過ぐ

ここでいう「番頭」とは村役人のことであり、「脇百姓」とは小農、「大名」とは豪

農のことである。要は、見境なく誰もが生け捕りの犠牲になったということだ。

更に北上して、近年「歴女」に人気の高い伊達政宗の戦場をみてみよう。

・わたりより、はな廿四、いけどり廿人あまり、とり申し候よし御注進

・首八つ、いけどりあまた、とり申され候

・くび三百あまり御前へ参り候、いけどり、きりすて、そのほか数は知れ申さず候

伊達軍の「首取り」「鼻取り」や「作荒らし」「いけどり」などは実に大がかりで、「くさいり」「草いだし」と呼ばれた忍びの雑兵ゲリラがしきりに生け捕りに励んでいた。なお、ここでいう「鼻取り」とは、鼻を削ぐことを言う。首を取るのは、直接的には自分の戦果を証明するためであるが、討ち取った敵の首は大概腰にぶら下げる。これが三つ、四つと増えていくと重くて次が戦い難く、我が身が危険でもある。そこで、討ち取った敵の鼻を削ぎ落とし、これを「敵を殺した証明」として首の代用にするのだ。首の数と同様、この数が「恩賞」に直結する。豊臣秀吉の朝鮮侵略に際して島津軍は〝生真面目に〟「鼻取り」に励み、朝鮮人や明国兵に「シーマンズ（石曼子）」といって大いに怖れられた。島津軍の若い武士が国許の妻へ宛て、自分は真面

目に鼻取りに励んでいるのに、多くの兵が人さらい、生け捕りに一生懸命になっていると、ぼやくような手紙を書いている。

戦場へ押し寄せた「侍」以下の雑兵たちは、放っておけば先ず村に放火し、百姓の家に押し入って食糧、家財、そして人と、何でも掠奪する。時に、強姦なども当たり前に行われる。この「乱獲り」は、放火と人捕り、物取り、強姦がセットになっているのが普通である。

実は、合戦の時だけではない。永禄十一（1568）年、織田信長・徳川家康が上洛した時、両軍の雑兵は京の都で早速「乱獲り」に熱中し、最後は古い烏帽子《えぼし》一つを奪い合って両軍の雑兵が戦闘を始めてしまったという記録がある。また、五年後の天正元（1573）年に信長が上洛した時も、総勢一万と言われた信長配下の部隊は凄まじい「乱獲り」を繰り広げている。つまり、「乱獲り」は戦場が村々である場合だけでなく、都市においても全く同じように行われたということだ。

徳川体制になってからの「大坂の陣」においても、大坂の町中で激しい「乱獲り」が繰り広げられ、この様子は『大坂夏の陣図屏風』にもはっきり描かれているから、広く知られているところである。要するに、指揮官が放っておけば、雑兵たちは確実に「乱獲り」に走るのである。彼らは、そのために参陣していることを忘れてはいけない。

となると、指揮官である戦国大名は、時にこれをコントロールしなければならない。大名が組織戦を意識し、そのための組織行動を求められるようになると、百姓たちを食わせるために出陣してきた戦であっても常に野放図《のほうず》に放っておくわけにはいかなくなるのだ。そこで「陣中法度」を発することになる。

ところが、多くの「陣中法度」に共通していることだが、指揮官の命令に反してやってはならぬ、指示の出る前に勝手にやってはならぬ、という意味の法度になっているのだ。逆に読めば、作戦命令の範囲内であれば、許可が出れば構わないということになる。

これは、屁理屈ではない。天正十八（1590）年、秀吉の命に従って北条攻めの中核を担った徳川家康が自軍に出した「陣中法度」では、「下知《げち》なくして、男女を乱取りすべからず」となっている。また、同じ北条攻めの際の加藤清正の部隊では、「御意なき以前」はやってはならぬ、となっている。「下知なくして」「御意なき以前」はNGなのだ。だが、「下知」があればOKということになり、事実、何らかの「下知」は出るものであり、戦国社会の「濫妨狼藉」「乱獲り」は、部隊ぐるみ、組織ぐるみの行為であったのだ。

武田信玄が信州へ攻め入った時のこと。大門峠を越えた辺りというから今の茅野市、立科町辺りであろうか、ここで全軍に七日間の休養が通達された。「下々《しもじも》いさむ事かぎりなし」とあるから、雑兵たちは喜びに歓声を挙げたことであろう。早速、一帯の村々を襲って「小屋落し」「乱獲り」「刈田」を繰り広げたのである。近在の村々を三日間で荒らし尽くして、もう荒らす村もなくなってしまったので、四日目からは遠出しての「乱獲り」となり、朝早く陣を出て、夕刻帰ってくるという有様であったという。勿論、獲物をたくさん手にしたことは言うまでもない。武田軍が休暇をとった地域こそ、いい迷惑であった。

武田信玄は、信越国境を越え、上杉謙信の春日山城の近くまで侵攻したことがあったが、その時も近在の村々を放火し、女子供を大量に生け捕った。武田の兵は、奪った越後の人びとを甲斐に連れ帰り、自分や一族の奴隷（召使い）として使ったり、売り払ったりして大いに潤ったのである。この時の合戦は、春日山城まで迫りながら、城を落とすとか越後の一部でも占領するという意志は全くみて取れず、「乱獲り」そのものが目的の合戦であったとしか思えない。

城攻めは城攻めで、これに成功すると褒美として「乱獲り」が認められていた。信玄が、上野《こうずけ》の箕輪城を攻め落とした時、「武田の家のかせもの、小もの、ぶども迄、はぎとりて、その上、図書介が居城にて、次ぐ日まで乱取り多し」という無法が繰り広げられた。つまり、武田軍の悴者（侍）から下人である小者、百姓の陣夫に至るまでが、城を足場に翌日まで城下で追い剥ぎをかけ、「乱獲り」を繰り広げたというのである。こうやって、武田領内の侍や下人・百姓といった雑兵たちは、戦を重ねるごとに「身なり、羽振り」が良くなっていったという。

武田の正規の武士団は、確かに強い。以前何かの書き物に書いた記憶があるが、「乱取りばかりにふけり、人を討つべき心いささかもなく」と、雑兵たちの行状を嘆く視線も確かにあったが、武士の戦闘を妨げない限り乱獲りは勝手、というのが、武田軍の基本方針であった。

百姓たちには「御恩」と「奉公」という思想は根づいていない。益《ま》して武士道、もののふの道など、精神の埒外であろう。仮に命がけで闘ったとしても、恩賞を与えられるわけでもない。そういう百姓たちを、下人として陣夫として、或いは侍（奉公人としての雑兵）や足軽として動員するには、時に「乱獲り」休暇を与え、落城させた後の火事場泥棒のようなご褒美乱獲りを許しておかざるを得なかったのである。

このように、まともに田を耕しても食うことができなかった飢饉と戦争の時代、戦場は百姓たちの切羽詰まった稼ぎ場であった。戦国という時代の戦場は、「乱獲り」

「濫妨」という名の掠奪と非道な虐殺をも含む無法に満ちていたのである。

戦場における食糧や雑具の掠奪が「稼ぎ」になることは、現代の私たちでも容易に理解できる。我が領内は飢饉で食べ物がない。百姓は、次々と餓死していく。領主・大名としては、己の勢力を維持し、安全に生き抜くためには百姓の「成り立ち」を図らなければならない。即ち、百姓を食わさなければならない。そこで、合戦となる。とりあえず隣国へ攻め入り、食糧を奪ってくるしかないのだ。餓死を免れるための、つまり、直接的な意味での「生きる」ための食糧の掠奪である。この種の食糧の掠奪は、確かに激しく行われた。そして、こういう種類の掠奪だけなら、被害に遭う側に同情しながらも話としてはシンプルで分かり易い。ところが、この種の掠奪は合戦における「乱獲り」「濫妨」の中心を為すものではなかった。敵地に侵攻していった侍や下人、百姓がより〝精を出した〟のは、米や麦の農作物については「刈田」、掠奪に関しては人の「生捕り」であったのだ。

掠奪の対象の中心が物より人であったとは、どういうことなのか。餓死を防ぐには、とりあえず食糧を掠奪すればそれで事足りるではないか。そもそも人の掠奪が、何故、どういう形で「稼ぎ」になったのか。

女をかどわかして遊女として売る、という稼ぎ方は、現代人の貧困な想像力の域を出ていない。確かに遊女として売られるということは普通にあったが、戦国期の戦場で繰り広げられた男女の生け捕りは、そのような生易しい規模ではなかったのだ。ここに、何かにつけて過去を抹殺してしまう官軍教育の創り上げた〝取り繕う〟という文化風土の中で、私たちがこれまでタブー視して語らなかった戦国の生々しくも悲惨な歴史事実が、厳然と存在するのである。

慶長元（1596）年、大坂の町で一人の商人が十八歳の美しい遊女二人を買った。二人は、豊後で生け捕りに遭い、売り飛ばされた切支丹の娘であった。豊後という出身地、時期からして、彼女たちは大友氏が秀吉軍に攻められた時に「乱獲り」によって生け捕りにされ、ブローカー（人買い商人）を通じて大坂へ売られてきたのであろう。

豊後に限らず、九州で繰り広げられた殺戮と「乱獲り」の様子については、ポルトガル人宣教師フロイスが豊富な記録を残している。

ルイス・フロイスに改めて触れておこう。ポルトガル出身の宣教師、イエズス会会員として戦国期の日本で布教活動を行い、織田信長、豊臣秀吉にも謁見《えっけん》したことで知られる。その著作『日本史』は特に著名である。その他、永禄六（1563）年、長崎・横瀬浦に上陸し、慶長二（1597）年、長崎で没するまでの三十四年の間に

『イエズス会士日本通信』『日欧文化比較』『二十六聖人の殉教記録』など戦国期社会の解明に欠かせない貴重な資料を残している。

フロイスは、「乱獲り」「生捕り」などについても生々しい記録を書き残しているので、彼の記録もその都度引用する。

さて、戦場で掠奪に遭った者はその後どうなるのか。物と全く同じように売られるのだ。召使いとして掠奪した側に使役されるということも勿論あったが、その種の需要だけなら合戦においてあれほど大規模な「生捕り」は起きないはずである。物として売ることによって初めて「稼ぎ」になるのだ。前述した豊後の若い切支丹の娘は、生け捕りに遭って売られて、大坂で遊女として働かされていた。この時代、遊女は、自ら身売りして、或いは親兄弟に売られてその境遇に落ちてきた者も多かったが、このような戦場の捕獲物として売られてくる者も多数いたようだ。

しかし、生け捕りの対象は若い女だけではない。「足弱《あしよわ》」と呼ばれる女・子供・老人が先ず〝獲物〟となるが、老若男女、誰もがその対象となった。先に述べた漁師や薪を採りにきた男たちがいい例である。その多くが、下僕として、時に下僕以下の労働者として売られ、買われていった。更に、かなりの数の生け捕りに遭った日本人が東南アジアで売りさばかれたのである。このことは、誰も否定できない、資料や記録にも残る明白な事実である。一説によれば、その数は少なくとも十万人を超えるという。

海外へ売られた日本人の実態については、岩生成一《いわおせいいち》氏や加藤栄一氏の研究がもっとも新しい。彼らの多くは、「軍役に堪える奴隷」「軍事に従う奴隷」として重宝されたのである。その中心地は、マニラ、マカオ、シンガポール、シャムなどであった。彼らを東南アジアに運んだのは、主にポルトガルの黒船である。そして、初期においてはイエズス会自身が、この奴隷売買に加担したことが判明している。このことについては、改めて次節で詳述したい。彼らは、神の名をかたり、奴隷売買に加担していたのである。この事実が、日本人に、時の日本の政権に、ポルトガル人＝切支丹の恐ろしさを植えつけることになってしまったのである。

では、「乱獲り」で捕獲された主に百姓たちは、幾ら位の値で売りさばかれたのであろうか。戦国期の〝奴隷売買〟の研究では第一人者とされる磯貝富士男氏によれば、凡《おおよ》そ二貫文であったという。人間の値段に高い、安いもないが、随分安い気もする。しかし、〝奴隷〟の値段だと思えば、そこそこの相場ではないかというイメージもある。とはいえ、例えば北条氏の直轄領・武蔵岩附領三保谷郷の総年貢が、天正六（1578）年時点で百六十貫文であったことを思うと、やはり「人間の値段」とも思えない。ブローカーの中間搾取を無視して単純計算すれば、三保谷郷の年貢を合戦で捕獲した奴隷だけで賄おうとすれば八十人の生け捕りが必要であったということになる。こういう見方をすると、二貫文という相場はやはり安い。

ところが、永禄九（1566）年の上杉謙信の関東侵略に伴って発生した人身売買の相場は、驚くべき低価格で行われている。よほど大量の生け捕りを行ったとみえて、一人二十文から三十文で売買されたというから、相場の百分の一という、驚くべき安値であった。これは、現在のつくば市に在った小田氏治の常陸小田城を落とした時と、赤井氏の上野藤岡城を滅ぼした時の例である。謙信は、城下に人身売買の市を開かせ、小田城攻略の後などは「春中、人ヲ売買」させたというから、かなりの規模の奴隷売買であったようだ。藤岡城の時は、籠城していた敵は僅か数十名であり、これを皆殺しにした後、城下では「人馬際限なく取る」という人の掠奪を繰り広げたのである。飢えた越後の百姓たちを引き連れた、「義」の武将上杉謙信（長尾景虎時代を含む）の攻城戦というのは、まず村々や城下に放火し、食糧、雑具、牛馬、そして男女を徹底的に掠奪し、その上で城に籠った敵を皆殺しにするというのがパターンであった。籠城している武士は数十名からせいぜい二百〜三百名という、攻城戦そのものはどちらかといえば小規模なものが多く、その割には人の掠奪だけは相当の期間、市が立つほどの規模となっており、明らかに人買い商人（奴隷商人）が常に上杉軍に群がっていたことを裏付けている。因みに、前年の永禄八（１５６５）年、東国は大飢饉に見舞われていた。
前述したルイス・フロイスは「奴隷売買」についても多くの記録を残した。以下も、その一つである。

――三会《みえ》や島原の地では、時に四十名もの売り手が集まり、彼らは豊後の婦人や男女の子供たちを、貧困から免れようと、二束三文で売却した。売られた人びとの数は夥《おびただ》しかった。――

これは、肥後の者が島津軍から戦争奴隷を買い取ったものの、飢饉となって奴隷すらも養い切れず、島原で転売した時の様子である。フロイスは「二束三文」と表現するが、具体的には文字通りの安さで、一〜二文が売値であったという。何と、上杉謙信の奴隷市の相場より更に安く、相場の千分の一〜二というレベルであり、まさに「二束三文」で売られている。こういう安値で叩き買ったのは誰か。この点だけはフロイスは黙しているが、それはポルトガル商船であったというのが、藤木久志氏をはじめとする複数の研究者の見解、推断である。

私たちは、「奴隷」という言葉に疎《うと》い。アメリカへ売られてきたアフリカからの奴隷のことは知っていても、自国の長い歴史の中に「奴隷」の存在があったことを知ろうとしない。「乱獲り」に遭って捕獲物として二束三文で売り買いされた人びとは明らかに「戦争奴隷」である。そして、この存在が伴天連《ばてれん》禁止令、鎖国と深く結びついていることを知らなければならない。

4　切支丹による人買い人売り

戦場の捕獲物である女子供をはじめとする「掠奪された人びと」が、ポルトガルの黒船によって東南アジアで売りさばかれていたと述べた。一説にはその数十万人以上と言われる。当時、マカオやマニラには多数の日本人奴隷がいた。九州では、伴天連（キリスト教徒、時にキリスト教）の協力を得て、ポルトガル商船が多くの日本人男女を買い取り、平戸と長崎からせっせと東南アジアに積み出していたのである。伴天連たちにとっての権威であるイエズス会が、日本から少年少女を奴隷として積み出そうとするポルトガルの人買い商人に輸出認可証を発行していたのだ。

当時のヨーロッパ人の通念として、ポルトガル人たちも「正しい戦争によって生じる捕虜は、正当な奴隷である」と考えていた。では、どれが正しい戦争で、どれが正当な奴隷なのか。イエズス会は、日本人にはそれを判別する習慣がなかったので、必然的にその判別能力はないとしたのである。十四、十五世紀から二十世紀までのヨーロッパ人という数種の民族は、人類史上例をみない残虐な傲慢さを露骨に表に剥き出した、実に醜い存在であったと言っていいだろう。

天正十五（１５８７）年、豊臣秀吉は「島津征伐」（九州征伐）を敢行し、島津氏を破り、遂に九州全域を支配下に置いた。この時点で、秀吉は北条氏支配下の関東以北を除く日本列島のほぼ半分を勢力下に置いたことになる。

島津征伐の軍を返す時、秀吉は博多でイエズス会宣教師コエリョを詰問した。ポルトガル人が多数の日本人を奴隷として買い、南方へ連れて行くのは何故か、と。この時、コエリョは「ポルトガル人が日本人を買うのは、日本人がポルトガル人にそれを売るからである」と、〝見事な〟回答をしている。

依然として増え続けている振り込め詐欺について、そのあまりにも簡単な騙され方を指して「騙される方が悪い」という声が根深く存在するが、コエリョの回答はどこかこれと論旨が似ているではないか。尤も、これを論旨とは言わない。コエリョの回答は、「売る」方がいるから「買う」者が出現する、買われて困るのなら、売らなければいいと

切支丹の南蛮船を描いた屏風
©R-CREATION JTB Photo

いう、当時のヨーロッパ人らしい傲慢な開き直りである。

宣教師ガスパール・コエリョ。インドのゴアでイエズス会に入会し、ポルトガルのアジア侵略拠点マカオを経て元亀三（1572）年に来日、長崎南部の加津佐を中心に活動した。『イエズス会士日本通信』を著した人物といえば、学校で習ったことを思い出される方も多いだろう。この『イエズス会士日本通信』が書かれたのは天正十（1582）年であるが、この年、「天正遣欧少年使節」がローマを目指して旅立っている。コエリョによれば、この時点で、日本の切支丹は、有馬・大村・平戸・長崎、そして京・安土を中心にして約十五万人に膨れ上がっていたという。

余談ながら、あの有名な四人の「天正遣欧少年使節」は、切支丹大名と言われる大友宗麟《そうりん》、大村純忠《すみただ》、有馬晴信《はるのぶ》の名代《みょうだい》としてローマへ派遣されたものであるが、彼ら大名の領内はキリスト教以外の宗教を認めないというほどの切支丹独裁国家であった。

私たち日本人は、明治以降の官軍教育によって、伴天連＝切支丹は一方的に迫害を受けた宗教弾圧の被害者であったとしか教えられていないが、この時代の九州においては全く逆である。

キリスト教という宗教は、一元主義の排他性の強い宗教であるが、その特性通り彼らは仏教をはじめとする他の宗教を徹底的に弾圧した。大村純忠領内では強制的な改宗が展開され、百姓領民はことごとく伴天連に改宗させられ、その数は四万人に達した。また、有馬晴信は、仏僧に改宗を迫り、これを拒んだ僧を追放し、約四十に及ぶ寺社を破壊した。前著『明治維新という過ち　完全増補版』（講談社）において御一新（いわゆる明治維新）直後の薩長新政権による気狂いじみた「廃仏毀釈《はいぶつきしやく》」について述べたが、あれと全く同じことが「天正遣欧少年使節」の故郷で行われていたのである。宣教師たちは「仏僧は諸人を地獄に落とす者であり、この国の最良のものを食い潰す存在である」と民を扇動した。現在も長崎県南部では、破壊、焼き打ちの結果として当時の仏教石造物、寺社建造物は存在しない。

今から二十年前（1998年）、有馬氏の本拠日野江城跡から破壊された石塔、五輪塔など135点が発掘されたが、何とそれらは大手口の石段に使われていたことが判明したのだ。つまり、切支丹は人びとに「踏み絵」を強要していたと考えられるのである。

コエリョと並んで著名な、前述したルイス・フロイスも、実は激しい弾圧を行った張本人の一人である。人びとが島原の仏像を口之津《くちのつ》近くの小島の洞窟に移して隠そうとしたが、これを捕え、大きい仏像を燃やし、小さい仏像を見せしめとして仏教徒の子供たちに村中を引き回させたのである。当時の宣教師たちは、自ら認めているように日本侵略の先兵であったが、仏教徒をはじめとする既存宗教に対する弾圧者としての彼らと伴天連たちの実相を一度白日の下に晒し、彼らの罪業は遡って糾弾《きゅうだん》されなければならない。

『伴天連ら……日本仁を数百、男女によらず、黒舟へ買い取り、手足に鉄のくさりを付け、舟底へ追い入れ、地獄の苛責《かしゃく》にもすぐれ』という当時の記録が残っている。どうやらイエス様もマリア様も、伴天連以外は人間としてお認めにならなかったようである。

既にこれ以前より、奴隷と武器は東南アジア向けの日本の主力輸出品であった。弘治元（1555）年に多くの日本女性がポルトガル商人によってマカオに輸入されていることが、マカオ側の記録によって確認されている。

ところが、当初ポルトガル商人に対して日本人の輸出認可証を発行していたイエズス会は、日本人奴隷の輸出が日本における布教の妨げになることに気づき始めた。日本侵略という本来の目的に照らせば、本末転倒になることに気づいたのである。このことは、織田信長や九州の切支丹大名たち以外の日本の権力構造を構成する戦国大名たちにも彼ら宣教師の視線が広く、深く注がれるようになったことを意味する。信長に庇護され、九州の切支丹大名だけを相手にしている時代は、事は簡単にみえた。ところが、信長亡き後、権力が豊臣秀吉に移り、切支丹大名たちの勢力というものも俯瞰してみてその勢力規模も理解するようになり、日本の武士階級の精神構造にも理解が深まっていくと、戦場から吐き出されてくる捕獲物としての日本人を自国の商人へ安易に売り渡し、暴利を貪《むさぼ》っていることが布教の障害になることが明確になってきたのである。

そこでイエズス会は、一転して本国の国王に日本人奴隷の売買を禁止するよう要請した。これを受けてポルトガル国王は、元亀元（１５７０）年、日本人奴隷取引の禁止勅令を出すに至ったのである。イエズス会自身もその後、「少年少女を日本国外に輸出する」人買い商人に対する破門令を数度に渡って議決するのだが、既に効果は全くなかった。インド、マカオを中心に東南アジア全域に幅広く展開していたポルトガル人たちは、日本人奴隷を買うのはあくまで「善意の契約」に基づくものであり、「神の掟にも人界の法則にも違反しない」として勅令を完璧に無視したのである。日本人の売買に関しては、イエズス会自身が脛《すね》に傷をもっている。勅令さえ無視する者がイエズス会の破門令などを恐れるわけがない。かくして、捕獲物としてポルトガル商人に売り飛ばすという「掠奪した人間」の販路は依然として健在であったのだ。

天正十五（１５８７）年、コエリョとやり合った秀吉は、コエリョの態度によほど怒りを覚えたのか、すぐさま「伴天連追放令」を発令し、その中（第十条）で「人身売買停止令《ちょうじ》」も併せて発動したのである。江戸幕府にも継承されるキリスト教の禁止という基本方針は、まさにこの時の禁令が端緒なのだ。つまり、切支丹の取り締まりと人身売買の停止は、不可分のテーマなのである。それは、とりもなおさず日本の切支丹やその指導者であるイエズス会が、日本人を輸出品として売り飛ばすことによって利益を上げていたからに他ならない。

秀吉は、追放令をイエズス会に通告する際、次のような趣旨の添え書きを申し送っている。

――九州に来航するポルトガル人、カンボジア人、シャム人たちが、多くの日本人を買い、諸国へ連れ去っていることをよく承知している。これまでにインドをはじめ各地へ売られたすべての日本人を、日本へ連れ戻すことを求める。それが無理だというのなら、せめて現在、ポルトガル船に買われてまだ日本の港に停泊している日本人だけでも速やかに買い戻して解放せよ。その分の対価は後日与える。――

これに対する伴天連サイドの反論は、以下のような内容であった。

——人身売買の廃止は、イエズス会の永年の方針である。問題は日本側にあり、特に九州の大名たちは日本人の売買を厳しく禁止しようとはしていない。——

反論にはならない単なる苦しい抗弁に過ぎないことは言うまでもないが、ここで切支丹が言っている「九州の大名たち」というのがいわゆる「切支丹大名」を指すことは付言するまでもない。それにしても、それまで日本人を売り飛ばす片棒を担ぎながら、人身売買の廃止が「永年の方針」であるとは、笑止千万《しょうしせんばん》である。

秀吉は、「人身売買停止」という命令を国内の仲介商人たちにも適用し、現実に掠奪されて売られてきた日本人をポルトガル船に運んだ舟の持ち主を磔刑《たっけい》に処している。

これは、九州を征討した秀吉のポルトガル人＝切支丹に対する防衛外交の一環とみることができるが、皮肉なことにその秀吉の軍が後に朝鮮半島において多数の朝鮮人を捕獲していたことも、また事実なのである。更に、倭寇《わこう》の活動まで遡れば、東アジアにおける奴隷売買の実態はまだまだ全容が解明されていないと言える。いずれにしても、戦場で捕獲された百姓や子供たちが切支丹やポルトガル商人たちの手によって輸出品として売られるという仕組みがあったからこそ、人の掠奪が「稼ぎ」になったのである。

第二章　安全保障政策としての閉鎖体制

1　平和への渇望と切支丹禁令

戦国期の日本人と時の政権は、伴天連《ばてれん》、即ちキリスト教徒、時にキリスト教を憎むと同時に怖れた。南蛮渡来と呼ばれた珍しい文物をもたらす南蛮人（スペイン人、ポルトガル人）に興味はあるが、彼らは人を買っていく恐ろしい奴隷商人でもある。黒船に象徴されるようにその先進的な力に好奇心とも言うべき興味は湧くが、先進的な存在は脅威でもある。

豊臣秀吉が天下を取ろうとした時代は、スペイン、ポルトガルが世界制覇を目指していた時代である。そして、その推進者がスペインのフェリペ二世であった。晩年になって明の支配を目指して朝鮮へ出兵した秀吉は、フェリペ二世の存在を知っていたであろうか。フェリペ二世の方では、戦争奴隷の供給国である極東の島国の支配者となった秀吉の存在を知っていたであろうか。この点について、私にはまだ確証はないが、もしこの点が明らかになれば、秀吉の対外進出に新たな意味や動機を見出せるのではないかという興味がある。

フェリペ二世について、蛇足ではあろうが簡単に補足しておくと、彼の治世下のスペインはその絶頂期であった。彼は、ヨーロッパは勿論、中南米からアジアに至るまでを支配し、「太陽の沈まない帝国」と言われる大帝国を築きあげた、世界史に残る一大絶対専制君主であった。イングランド女王メアリー一世と結婚してフィリップ一世の名でイングランドの共同統治者となり、1580年からはフェリペ一世の名で、ポルトガル国王も兼ねるという文字通りの絶対専制君主として知られる。豊臣秀吉が天文六（1537）年生まれ（天文五年とする説もある）であるから、秀吉より十歳年長になるが、没年が慶長三（1598）年と同年であるから、この二人の専制君主は同時代人である。そのこともあって、この二人の比較論的な興味がついつい頭をもたげるのだ。

さて、当時の殆どの日本人は、軍事力をもった数少ないスペイン人が軍事力とは無縁の高度な文明を築いていたインカ帝国を残虐な形でいとも簡単に地上から抹殺してしまったことを知らなかったであろう。しかし、宣教師や伴天連、伴天連商人たちに接して、その背後にある大きな脅威を敏感に感じ取っていたに違いない。それは、フェリペ二世の大帝国の脅威であったが、そういう具体的な正体は分からなかったとしても、この脅威の感覚が、秀吉から家康へと受け継がれていく。

伴天連や伴天連商人による日本人の売買を禁止した秀吉は、ほぼ時を同じくして、正確には天正十五（１５８７）年六月、俗に言う「伴天連追放令」を発した。ただ、この言葉は秀吉が発した禁令の内容からすれば、過剰に強い表現となっている。秀吉の禁令の骨子は以下のようなものであった。

・日本でキリスト教を布教することは相応《ふさわ》しくない
・長崎をイエズス会領としたり、集団改宗を強制したり、神社仏閣を破壊することを禁止する
・宣教師は二十日以内に国外に退去すること
・但し、布教に無関係な商人の来航はこの限りではない
・大名のキリスト教改宗は許可を要す
・民についてはこの限りではない

このように、「伴天連追放令」という言葉から受ける強硬な雰囲気はなく、今流に言えば「信教の自由」は保証しているとも解釈できるのだ。宣教師の国外退去につい

ても、イエズス会宣教師たちは平戸に集結し、公然とした布教活動や仏教弾圧は停止したものの国外へは退去せず、秀吉もそれを黙認している。それは、南蛮貿易がもたらす実益を無視することができなかったからだとされている。

ところが、文禄五（１５９６）年、サン・フェリペ号事件が起こって秀吉の伴天連に対する態度が一気に硬化した。

文禄五（１５９６）年九月、メキシコを目指していたスペイン船サン・フェリペ号が難破、土佐沖に漂着した。結果だけを述べると、これが「二十六聖人殉教」を惹き起こした。これは、豊臣秀吉による唯一の直接的なキリスト教徒迫害事件であるとされている。尤も、迫害という言い方は、あくまで明治以降の西洋絶対主義者の表現である。この時を境に、秀吉は伴天連追放の立場を強めることになる。

この時、土佐・浦戸まで出向いてサン・フェリペ号乗組員の取り調べに当たったのが五奉行の一人増田長盛《ましたながもり》（大和郡山二十二万石城主）である。五奉行というのは、それぞれ管轄が分かれており、増田が行ったのは、彼が主に運輸・土木関係を担当していたからであろう。この時、スペイン人乗組員の一人が、

「スペインは他国を侵略する際、第一歩として宣教師を送り込むのだ」

と増田に言い放ち、これが秀吉の怒りをかって「二十六聖人殉教」を惹き起こした

とも言われているが、これは二年後に長崎で開催されたイエズス会によるサン・フェリペ号事件査問委員会で出た発言であるとも言われ、真偽ははっきりしない。ただ、いずれにしてもスペイン人自身が宣教師たちの目的を明確に吐露した可能性があるという点では記憶されるべき事柄であろう。

慶長十四（1609）年、オランダ船が平戸に来航して幕府に貿易の許可を求め、徳川家康はこれを許し、朱印状を交付した。これによってオランダは平戸に商館を開き、ここから江戸日本とオランダの貿易が始まった。やや遅れて、慶長十八（1613）年、イギリスも平戸に商館を開いて日英交易がスタートした。同国が、イギリス人ウィリアム・アダムスが徳川家康から旗本に取り立てられるほど厚遇されていたことを知っていたか、知っていてそのルートを利用して商館開設を果たしたのかは定かでない。ただ、家康がウィリアム・アダムスからヨーロッパにおける各国の勢力関係や旧教対新教の対立などの情報を得ていたことは想像に難くない。幕府成立前のオランダがスペイン領の一部であったこと、天正九（1581）年、独立を宣言したことも、恐らく知っていたであろう。オランダがイギリスの支援を受けて独立を果たしたのは、オランダ船が平戸に来航したまさにその年、慶長十四（1609）年のことであった。江戸日本がオランダ、イギリスと貿易を開始したこの頃は、両国は非常に友好的な関係にあったのである。

家康は、両国に対して、江戸に近い浦賀に商館を移すことを勧めたが、両国は平戸を捨てなかった。この理由は明白である。浦賀より平戸の方が中国に近い。両国は、対中国貿易と対日貿易の両立を図ったのである。もしこの時、対中国貿易と対日貿易の二者択一を迫られたとしたら、彼らは、少なくともイギリスは、躊躇《ためら》うことなく対中国貿易を採っていたであろう。

オランダ・イギリスとの交易が始まった慶長年間には、国内にはまだスペイン人宣教師、ポルトガル人商人が活動していたが、彼らが新規参入してきたオランダ、イギリスを何とか排斥しようと躍起になったことは言うまでもない。スペイン人宣教師などは、オランダ人の正体は海賊であるなどというアピールを、幕府にしきりに行ったらしい。

当然、オランダ、イギリスは反撃する。特に、スペインに占領されていたオランダのスペイン攻撃は激しかったようだ。オランダ、イギリスは布教活動を行わず、交易に専念していた。その上で、スペイン人とポルトガル人は布教に名を借りて日本侵略を企んでいるというアピールを幕府に繰り返した。独立直後のオランダは、時の執政マウリッツ王子が徳川家康宛てに国書まで送って（慶長十四年）、スペイン・ポルトガルの脅威、即ち、旧教国の植民地化政策の脅威を警告した。江戸初期の日本を舞台にした、旧教国対新教国という図式でのスペイン・ポルトガル対オランダ・イギリスの対立は、それほど激しかったのである。

成立して間もない徳川政権には、戦国の生々しい記憶がある。戦《いくさ》に次ぐ戦ですべてが掠奪された過酷な日々がようやく去って、民にも、もう戦はいい、もう嫌だという平和に対する強い渇望《かつぼう》があった。このような時代の気分を、政権は敏感に感じ取っていたはずなのだ。あの濫妨狼藉、特に人を奪い去っていったのは伴天連たちであったではないか。つまり、民の間にも、その気分を反映する政権にも、この国の安全のためには伴天連を入れてはならぬという気運が秀吉時代からまだ濃厚に継承されていた時期なのである。

そこで徳川家康は、慶長十八（1613）年、遂に「切支丹禁令」を発令した。豊臣秀吉に次いで、家康も切支丹排除に踏み切ったのである。この場合、切支丹が旧教を指していることは言うまでもない。これは、諸大名と幕臣を対象として、切支丹信仰を禁止したものである。とはいえ、オランダとイギリスは、この時点で中国に拠点をもっておらず、中国産の絹や薬を入手するため、幕府はマカオを居留地にしていたポルトガルとの交易を継続せざるを得なかったのである。

2　オランダの対日貿易独占

　徳川家康が切支丹禁令を発した翌年、即ち、慶長十九（１６１４）年、「大坂冬の陣」が勃発した。家康は、慶長十（１６０５）年、既に将軍職を秀忠に譲っていたが、大御所としてまだ実権を握っており、豊臣家を滅ぼすことは彼の国造りの上で最後の悲願とも言うべき事業であったと言えるだろう。後に「パックス・トクガワーナ」とまで言われる安定した、平和な徳川の治世というものは、この時点では、まだ全く形成されておらず、天下はまだまだ不安定であった。

キリシタン大名、小西行長

　豊臣から徳川への権力移行の詳細は今は措《お》くとして、この「大坂の陣」の際、実は多くのキリシタン武将が豊臣方について参陣しているのだ。キリシタン大名として名高い高山右近の遺臣と、嫡子高山十次郎（洗礼名ジョアン）、やはりキリシタン大名であった小西行長《ゆきなが》の侍大将淡輪重政《たんのわしげまさ》、元宇喜多秀家《うきたひでいえ》家中明石全登《あかしたけのり》等々である。一説によれば、明石全登は八千人の切支丹浪士を率いて大坂城に入ったという。スペイン人宣教師たちも、居住許可とキリスト教会堂建設の許可を条件として、豊臣方に助力を申し出たと言われている。つまり、日本におけるキリスト教布教の可能性を豊臣秀頼に賭けたのである。「大坂冬の陣」における豊臣方の戦力は凡《おおよ》そ九万人とされるが、参陣した切支丹浪人は一万人とも言われている。

この、一万人という人数には疑問が残るが、「大坂の陣」が徳川方の勝利に終わると、イエズス会を中核としたスペイン人宣教師たちが追い詰められたことは間違いない。その後、「元和偃武《げんなえんぶ》」を成し遂げ、元和二（1616）年、家康が没すると、二代将軍秀忠は切支丹禁令を強化し、遂にスペイン人宣教師は日本から姿を消した。それでもなお、ポルトガル商人は日本に残ったが、日本市場で優位に立ったのは、オランダとイギリスであった。

ところが、通商国家として生きようとしていたオランダに比べ、イギリスは商売が下手であったという定評がある。イギリス商館長は、『イギリス商館長日記』を残したリチャード・コックスで、彼は慶長十八（1613）年に着任して以来、元和九

（1623）年にイギリス商館が閉鎖されるまで一貫して商館長を務めた。ウィリアム・アダムスの仲介で家康にも謁見《えっけん》している。イギリス東インド会社からすれば、対日貿易権を獲得して平戸に商館を開いた功労者であり、そもそも貿易商人であった彼の率いるイギリス商館をして商売が下手と評するのも如何《いかが》なものかと思うが、これはひと言で言えば「迫力」の差ではなかったろうか。

通商国家オランダは、対日貿易についても必死と言ってもいいほど熱心であった。例えば、十字架や聖書が幕府役人の目に入らないように細心の注意を払って、自分たちの目的は通商であって布教ではないことを常にアピールする。これと比べると、コックスの態度や行動、というより、イギリスのスタンスそのものがそこまでの熱意を示すものではなかったのではないか。何せイギリスは、インドという大きな市場を手に入れようとしている。それに比べれば、極東の小さな島国に期待する利益はたかが知れている、ということではなかったろうか。このことが「迫力」の差となって表われても不思議ではないだろう。

コックスは、元和二（1616）年、朱印状の更新を求めて江戸に参府し、翌年にはジェームズ一世の親書をもって伏見で秀忠に謁見している。更に、元和四（1618）年には二度目の参府、翌五（1619）年には再び伏見で秀忠に謁見するといった具合に活発に活動しているが、彼は一つ大きなミスを犯してしまった。

それは、最初の江戸参府の時というから元和二（1616）年のことになるが、老中との間で幾つかのやり取りがあった。老中が確認したのは、イギリス人は切支丹か否かということであった。コックスにしてみれば、イギリスがキリスト教国であることは明白な事実であり、従って回答はイエスとなる。老中だけでなく、すべての幕閣は切支丹＝旧教、と新教を厳格に区別しており、切支丹は通商を手段として布教を主目的としており、最終的に反幕府活動、即ち、幕府治世の国家を侵すものという警戒心を強くもっている。近年まで日本人を買って南方へ売りさばいていたのも切支丹勢力である。こういう認識の中でコックスが不用意にイエスと答えたことは、幕閣の間にイギリスに対する強い疑念を与えたようだ。

元和二（1616）年八月、二代将軍徳川秀忠は、改めて「切支丹禁令」と「外航船の入港を長崎と平戸に限定する貿易地制限令」を発令した。

更に元和九（1623）年、アンボイナ事件が発生、これを契機にイギリスは平戸の商館を閉じ、自ら日本を去った。日本市場における、イギリスのオランダに対する敗北であった。

では、アンボイナ事件とは何か。

鎖国とは何であったかということを理解するには、この頃のアジアにおけるヨーロッパ列強の覇権争いというものを知っておくべきであろう。開国か攘夷かで幕府と薩長が争った幕末より、まだ幕府の統制力が十分ではなかったこの時期の方が日本にとって列強による侵略の危険性は大きかったのである。そのことを認識するためにも、アンボイナ事件には触れざるを得ない。

これは、元和九（1623）年、インドネシア・モルッカ諸島南方のアンボイナ島にあったイギリス商館をオランダが襲撃、商館員を皆殺しにした事件である。

この島は香料の産地で、当時香辛料を求めてアジアに進出していた列強にとって関心の高い島であった。もともとこの島には、十六世紀初頭からポルトガルが進出し、同島の香料はポルトガルが独占してきた。ところが、慶長四（1599）年、これは「関ヶ原の合戦」の前年になるが、オランダ人がポルトガル人を駆逐《くちく》し、この島を支配した。そこへ「大坂夏の陣」が勃発した元和元（1615）年、イギリスが進出、両国は激しく争ったのである。

この争いは、現地では収拾できず双方の本国政府が乗り出して、両国は元和五（1619）年協定を締結するに至った。この協定では、香料貿易の利益の分配割合や、征服した土地の占有割合などが定められたが、オランダの現地がこれを無視するようになり、これに反撥したイギリスがバタフィア（今のジャカルタ）のオランダ人を攻撃するといった具合で、両国の武力衝突はなかなか収まらなかったのである。

アンボイナ事件勃発の時、この島には多くの日本人傭兵がいた。この時オランダ人は、イギリス人十名と共に日本人九名を斬首している。前章で述べた、南方へ売られた日本人のことを思い出していただきたい。この時斬首された日本人傭兵も、戦場で捕えられ売られてきた日本人であることは、まず間違いないのだ。対日貿易で競合状態にあったオランダ、イギリスが、南方でもっと凄惨《せいさん》に殺し合っており、そのことが日本国内の両国の競争に深く影響し、何よりも影響を及ぼしたその事件の当事者として日本人が殺されているという史実は、鎖国を考える上で知っておいてもいい事柄だと思われる。

ここで、東インド会社というものについて簡単にでも触れておく必要がある。イギリスのアジア侵略の主体となったイギリス東インド会社という名称は学校教育でも教えるようだが、オランダも東インド会社をもっており、これを通称であるが「オランダ東インド会社」と言う。正式名称は「連合東インド会社」である。因みに東インドとは、アフリカ大陸南端の喜望峰以東を指す。

オランダ東インド会社は貿易を主とする勅許会社ではあるが、単に商業活動だけを行っていたわけではない。商業的利益を得るため、また守るためでもあるが、何と喜望峰以東、マゼラン海峡以西における貿易の独占権は勿論、条約の締結権、交戦権、植民地の経営権までもオランダ共和国連邦議会から認められていたのである。こうなると、それはもう本国とは別のもう一つの国家と言ってもいい。交戦権をもっているということは軍事力を有していることが大前提であり、世界初の株式会社とも称されるオランダ東インド会社とは、インド洋から太平洋全域を勢力範囲の対象とした一大海上帝国であったと考えた方が、その実態を理解する上では分かり易いであろう。

オランダ東インド会社の本拠地はバタフィアに置かれ、バンテン、アユタヤ、平戸などに商館を開いたが、商館は「支店」と考えればいい。設立は慶長七（1602）年。因みに、イギリス東インド会社の設立は、その二年前、つまり、「関ヶ原の合戦」の年である。

先に、オランダとイギリスが南方で殺し合っていたことを述べたが、正確に表現すれば、この種の争いはオランダ東インド会社とイギリス東インド会社の武力衝突であったということだ。

私たち、いわゆる明治維新以降の日本人は、薩長政権による卑しいほどの西洋崇拝の精神で貫かれた官軍教育によって、国を鎖じてもいないのに江戸期の対外的なあり様《よう》を「鎖国」と教え込まれ、長崎出島におけるオランダとの交易も穏やかで平和的な唯一の例外として刷り込まれてきた。しかし、この交易相手の実相というものはそのような生易しいものではなかったのだ。あの列強によるアジア侵略時代に、幕府は成立早々からはるかに優位な軍事力をもつヨーロッパ列強を相手にしていたのである。

既述した「アンボイナ事件」におけるイギリス人、日本人傭兵の虐殺は、オランダ東インド会社の行為である。この事件によって、イギリス東インド会社は東南アジア、日本から撤退し、インドのムガール帝国侵略に専念することになる。また、オランダ東インド会社は、ゴア、マラッカ、マカオ間を行き交うポルトガル船をしきりに攻撃し、これを拿捕《だほ》または撃沈した。マニラに向かうスペイン船も攻撃の対象となった。俗にいう「鎖国」は1630年代に完成したという言い方をされるが、この1630年代前半だけでオランダ東インド会社によって拿捕・撃沈されたポルトガル船は、百五十隻を超えるとされている。セイロン島からポルトガル人を追い出し、代わってセイロンを支配下に置いたのも、中国に拠点をもたないので代わって台湾を占領したのも、オランダ東インド会社である。つまるところ、オランダ東インド会社は、軍事力でスペイン、ポルトガルという旧勢力を、更にはイギリスを南方海域及び中国本土を除く極東から排撃したのである。

寛永十四（１６３７）年、「島原の乱」が勃発、これによって幕府は益々切支丹を恐れ、警戒心を強めた。こういう局面でもオランダ（東インド会社）は、旧教勢力の恐ろしさを喧伝し、ポルトガル船の貿易禁止を建言するなど、日本におけるプロパガンダに力を入れた。イギリスについても、後にはポルトガルと親しい旧教国であるというアピールを行っている。

これらによって、三代将軍家光は、寛永十六（１６３９）年、遂にポルトガル人を日本から追放した。しかし、この時、幕閣の間では反対意見もあったようだ。即ち、ポルトガル人を追放し、オランダが貿易を独占するようになれば、輸入品の価格が不当に吊り上げられるなど、我が国にとって不利な事態をもたらすのではないかというのである。貿易面のことのみを考えれば、これは極めて真っ当な反対意見であろう。幕府の外交感覚というものは、標準的に正常であったと言うべきである。ポルトガル人を追放するに当たっては、これまでポルトガル商人から輸入していた産品を、代わってオランダ経由で入手できることを確認してから追放を実施している。

かくしてオランダは、事実上、対日貿易を独占するようになったのである。

3　オランダ風説書

ポルトガルは、追放される直前の三年間ほど出島での交易のみを許されていたが、ポルトガルが追放されると出島は、いってみれば「空き家」となった。寛永十八（1641）年、幕府はこの出島に、平戸に商館をもっていたオランダ人を移した。その際、改めてキリスト教の布教を一切行わないことを誓約させている。ここから、鎖国—出島—オランダという、後世の江戸期の対外接触についての硬直した歴史認識が始まるのである。

勝海舟が例の『氷川清話』の中で、

——その頃和蘭陀《オランダ》より内密の風説書と称して、外国の事情を我邦に書送ることになって居た。——

——天保十二年に和蘭陀より内密の書面をもってモリッションが浦賀へ来るといふ

ことを幕府へ言って来た。――

と語っている。

海舟の言うことは、年号にしても事の経緯にしても誤りが非常に多いが、ここで言っているのはアメリカ船モリソン号のことである。そして、「内密の風説書」とか「和蘭陀より内密の書面」などと言ってもいるが、ここでいう風説書とは、内密でも何でもなく、幕府とオランダ（東インド会社）との間で取り決められていた公然とした報告書である。

とはいえ、オランダが対日貿易を独占するようになって、幕府が海外の情報をオランダに大きく依存するようになったことは、紛れもない事実である。

伝統的に日本人にとってもっとも重要な外国は、言うまでもなく中国であった。経済的にも文化的にも中国の影響を強く受けてきた。このことは、江戸期になっても基本的には変わらなかった。それほど影響力の強い、領土的には大国であっても、日本人は、中国が日本に侵攻してくるとか、その先兵として何らかの邪教を布教しに来るなどという心配をしたことは全くなかった。そして、先に述べた四口から得られる中国情報や文物は一貫して重要だったのである。

ところが、江戸の後期から幕末にかけて中国の重要性というか、存在感というものが次第に低下していく。代わって、日本人の、直截的に言えば、幕府の関心のウエイトが高まっていったのが、ヨーロッパ列強とロシア、そして、新興国家のアメリカであった。四口は、その存在目的を考えると中国との「結びつき」を意識して設けられたものと考えることができるが、四口のうち長崎口を除く三口は、欧米列強に対して高まってきた関心を何がしかでも満たす適格性を欠いていた。その結果、自ずと長崎口の重要性が増していったのである。

当初、幕府が恐れたのはキリスト教という排他的なヨーロッパ思想であり、その思想を広めるためと考えられる彼らの軍事力である。最終的には彼らは我が国を征服するという、並々ならぬ恐怖心、警戒感をもっていた。ポルトガル商船と宣教師が金で買った日本人をせっせと南方へ運んで売りさばいたという事実は、忌々《いまいま》しく、苦々しい記憶として、幕府人には刷り込まれている。

しかし、幕府は、過去の記憶のみに縛《しば》られ、それのみによってヨーロッパ諸国を警戒していたわけではない。勿論、「もともとそういう相手」であるという認識が根底に横たわっていたと考えられるが、幕末になって近海に出没するようになった彼らは、かつての彼らと何かが異なっていた。この何かの正体が、幕府には正確には分からなかったのではないかと思われる。

その正体は、後世から表現すれば「植民地化政策」であるとか、もっと包括的に言えば「西欧近代」というものであると比較的簡単に言い切ることができるかも知れないが、幕府にとっては何かよく分からないが、危険な何かであるという、漠とした恐怖、危機感、警戒心ではなかったか。幕府がオランダ人のみに布教を全く伴わない交易を、長崎口＝出島という限定エリアのみで許可したことは、戦国期の教訓を生かした一種の「防衛措置」であった。江戸期日本が国を鎖ざしていたことはないが、対欧米に限ればオランダ人のみに交易を限定して許可していた状態を「鎖国」と呼ぶならば、鎖国とは安全保障政策、国防政策の一つであったと断じることができるのであって、この意識から、幕府はオランダ商館に対して徹底した情報提供を義務づけたのである。

オランダとの交易地を平戸から出島に移した寛永十八（1641）年、貿易許可に感謝するために参府したオランダ商館長マキシミリアン・ル・メールに対して、幕府は二つの命令を発した。一つは、オランダ船は長崎以外に入港してはならず、交易も長崎のみで行うことというのだが、これは改めて公式に命令したとも受け取れる。

もう一ヵ条の命令は、オランダ船は勿論のこと、別の船（唐船を意識している）に切支丹が乗船していることが判明した場合は直ちに申し出ること、もしこれを隠蔽し後日判明した場合はオランダ船の来航を禁止するというものである。つまり、この時点では切支丹来航の情報提供を義務づけたわけだが、これが後々体裁を整え、「オランダ風説書」となっていくのである。

重要なポイントは、情報提供が対日貿易の条件となっている点である。オランダは、目の前でポルトガル人の追放を見ている。それは、オランダにとって喜ばしい事態ではあったが、幕府というこの国の強い政府は、いつ自分たちを次のターゲットにするか分かったものではない。オランダとしては、この命令を従順に受け容れるしかなかったのだ。

幕府サイドの事情として、ポルトガル人を追放した後、どの国からヨーロッパ情報、特に切支丹情報を入手するかという問題があったはずだ。そして、オランダ人に情報提供を義務づけることによって、オランダとポルトガルが同盟していないことを常に確認しておく必要があった。オランダは切支丹国ではないが、所詮同じキリスト教国であるという認識を、幕府は明確にもっていたのである。

島国である日本が「海防」ということを強く意識したのは、一般には幕末、せいぜい天保年間からであると思われているようだが、実はそうではない。江戸初期の寛永十八（1641）年、幕府は全国の沿岸に「遠見番所」を設置し、沿岸防備体制を整えた。これについては、前年寛永十七（1640）年、幕府は貿易再開を求めて来航したポルトガル人使節を処刑した。幕府は、その報復を恐れて番所を設置したとされているが、単純にそれのみではないと思われる。使節の処刑そのものが、切支丹国による侵攻に対する恐怖から生まれた防衛意識の為させたものであると考えられ、「遠見番所」の設置も、オランダに対する情報提供の義務づけも、やはり国防意識そのものであったと考えるべきであろう。

実際のところ、日本を追放されたポルトガル人は、東南アジア各地から唐船を仕立てて、依然として商品を日本へ運び込んでいたのだ。したたかというほかない。また、宣教師や神父の密入国も相次いでいたのである（ルビノ神父事件、梶目大島事件など）。

一方、オランダにとっても幕府への情報提供は、幕府の命令に従う形を採りながら対日貿易の競争相手を蹴落とす手段として利用価値があった。海外情勢の報告という名目で、スペイン、ポルトガルにとって不利な情報、自国に有利な情報を公式にアピールできるのである。

オランダにとって競争相手はスペインやポルトガル、或いはイギリスだけではなかった。中国船もライバルであった。

寛永二十一（１６４４）年、中国では明が滅び、満州族の王朝、清が成立するが、明末期から東シナ海では鄭芝龍《ていしりゅう》、成功《せいこう》親子の鄭氏が制海権を握り、対日貿易にも参入してきた。この事態は、台湾を占領していたオランダにとっては、中国産生糸が台湾にもち込まれず、直接日本にもち込まれ、オランダの利益を大きく損なうことを意味する。オランダにとっては、中国船排除という目的にも風説書は役立つのだ。益して、ポルトガルと中国とが結びついているという事実があれば、オランダにとって幕府への格好のアピールとなる。

オランダ風説書については、『オランダ風説書』（松方冬子・中公新書）、『大君外交と東アジア』（紙屋敦之・吉川弘文館）、『オランダ東インド会社』（科野孝蔵・同文館）等々、多くの研究書が存在するが、松方冬子氏の『オランダ風説書』によれば、幕府が情報提供を義務づけた寛永十八（１６４１）年、商館長ル・メールは、ポルトガルがカンボジアに拠点を作り、中国人、カンボジア人を使って対日貿易再開を企図しているとの情報を得た。情報源は、バタフィアの本拠である。ル・メールはこれを長崎奉行に報告、奉行は通詞たちにこの情報を日本語書面として作成させた。これが、オランダ風説書の第一号とされる。この後、オランダ船が入港する度に通詞たちが商館長のもとに集まり、ヨーロッパや東南アジア、時には中東やアフリカの情報を聞き取り、それを日本語書面としての風説書に仕立て、長崎奉行を経て江戸に送った。この情報収集作業は、幕末に至るまで何と二百年も続いたのである。

なお、通詞について一つ触れておくと、通称「出島役人」と呼ばれた彼らは、世襲制によってこの職に就いていた。そして、殆どがもともとポルトガル語通詞であった。そのため、彼らとオランダ人のコミュニケーションは、十八世紀に入るまではポルトガル語で行われていたのである。戦国期に「南蛮人」として来航し、南蛮渡来と称された珍しい先進的な文物をもたらすと共に、人身売買の怖ろしさや、日本征服の疑念を与えて日本人に南蛮・紅毛に対する防衛意識を惹起させたポルトガル人の影響は、オランダ人が対日貿易を独占した江戸期にもまたがっておよそ三百年も続いたのである。

第三章　対外協調路線への転換

1 アヘン戦争と米墨戦争

オランダ風説書に触れることなどによって、徳川幕府が決して国を鎖ざしていたわけではないことを述べてきた。むしろ、欧米諸国がその歴史上、もっとも品性や倫理というものを喪失し、こぞって中南米やアフリカ、アジアの穏やかな民族国家を次々と征服することに血道を上げるという厳しい時代に遭遇し、注意深く、用心深く外を観察し、よく国を守ったと言えるだろう。そもそも「鎖国」という言葉を生む元となった論文を書いたケンペルは、江戸期日本の和を重視する民族性や、切支丹追放後の神道、仏教、修験道《しゅげんどう》、儒教など異宗教と言ってもいい異なる思想の共生を評価し、西洋を手本にする必要はないとして幕府の対外政策を肯定している。確かに、同時期のヨーロッパの一部の地域では、まだ「魔女狩り」が行われていたのである。

若干補足しておくと、ケンペルは江戸期日本の精神文化的特性だけで幕府の対外政策を肯定したわけではない。人口が多いことを認識しつつも、難攻不落の地理的条件と勇敢な民族性、物産の豊富さ、優れた金属の鋳造技術、酒造などの技術レベルの高さ、教養としての一般的学問レベルの高さ、敬神精神の高さ、裁判の迅速さなどに触れ、徳川の治世になって平和を確立（元和《げんな》偃武《えんぶ》）したものの、キリスト教の侵入が社会不安をもたらし（島原の乱）、キリスト教徒とポルトガル人を追放することによって平和を回復した経緯を述べた上で、海外との交渉を制限した政策は妥当であるとしているのだ。

しかし、アジア、特に東アジアを取り巻く国際環境は、十八世紀末から十九世紀にかけて大きく変化した。その大きな変化とは、大胆に言い切れば、イギリスの世界覇権をめざす動きが益々激しくなり、その傲慢とも言える振舞いに歯止めがかからなくなっていたこと、新興国家アメリカが台頭してきたことである。もはや、スペイン、ポルトガルの時代ではなくなっていたのだ。イギリスは、ヨーロッパを概《おおむ》ねその影響下に収め、アジアではインド、ビルマ、シンガポールを侵略してこれを支配下に置き、次のターゲットを「眠れる獅子《しし》」清国に定めていた。

一方、アメリカはといえば、西へ、西へと国土を膨張させていった。天明三（1783）年、イギリスから独立を勝ち取ったアメリカの当時の領土はミシシッピー川までであった（パリ条約による）。その後、フランスからルイジアナを購入してロッキー山脈に至り、スペインからフロリダを購入してアパラチア山脈を越えて、西へ西へと膨張していったのである。この時代が、いわゆる西部開拓時代に当たる。そして、米墨戦争（対メキシコ戦争）を仕掛けてこれに勝利し、テキサス、カリフォルニアを奪って遂に太平洋岸に達するのである。

この、イギリス、アメリカの、野望を遂げようとする二つの大きな東アジアにおける動きが幕末日本を揺るがす国際要因であった。

まず、イギリスが清国に仕掛けた露骨な侵略戦争＝アヘン戦争を簡略に整理しておきたい。

イギリスと清の交易は、当初はイギリスが綿花や工業製品、例えば、時計や望遠鏡などを清に輸出し、清から陶磁器や絹、お茶などを輸入するという通常の貿易であった。当初は通常の形式を採るこのやり方は、イギリスの常套《じょうとう》手段と言っていい。案の定、この交易はイギリスの大幅な輸入超過であったため、次第にアヘンの輸出量を増加させていき、これに伴って清から銀が大量に流出していく。次章に整理する「幕末日米通貨戦争」はあくまで為替《かわせ》レートに関する幕府と米英連合の攻防であるが、このアヘン戦争に伴う清の銀流出を頭にとどめてお読みいただきたい。薩長政権による官軍教育では、清の二の舞になることを危惧した「勤皇志士」たちが幕府を倒して日本の植民地化を防いだという荒唐無稽《こうとうむけい》とも言えるお話を今に至るも学校教育現場で続けているので、アヘン戦争については幼い頃から固定的なイメージが徹底されている。従って、ここでは敢えて詳細を割愛するが、一つ注意しておくべきことはアヘンそのものの非人道的な影響もさることながら、やはり銀の大量流出が清に決定的な影響を与えたという事実である。

当時、イギリスは銀の国外流出を抑制する政策を採っていた。その理由の一つは、アメリカ独立戦争の戦費調達である。大幅な輸入超過対策としてイギリス東インド会社はインドでアヘンを栽培し、それを清に密輸出して輸入超過分を消そうとしたのである。つまり、アヘンは密輸出から始まって清の広東エリアに拡大していった。アヘン取引は銀で決済されており、アヘンの輸入量拡大と共に清の銀保有量が激減し、清国内経済に深刻な影響を与えるに至った。当時、清は銀本位制であり、銀貨と銅銭が併用されており、銀保有量の減少は銀貨と銅銭の交換比率（三倍に急騰したという研究もある）に直接的な影響を及ぼし、日頃銅銭を使用しながら銀貨での納税を義務づけられている農民たちの納税額は二倍以上に跳ね上がったのである。

アヘン取り締まりに強硬策を採った清に対してイギリスは、貿易保護を理由に東インド会社だけでなく本国からも最終的に軍艦十六隻、輸送船約三十隻、陸軍六千人、占領地インドからセポイ七千人を送り込み、清を軍事制圧した。

結果的に翌1843年の追加条約を含めると、清はイギリスに対して自由貿易港五港を開港、多額の賠償金を支払い、香港を奪われ、治外法権を認め、関税自主権を放棄するという屈辱的な南京条約を結ばされ、イギリスの半植民地的様相を呈するに至った。香港が近年漸く中国(共産中国)に返還されたことは、読者の記憶にまだ新しいところであろう。

後年、アメリカがイギリスに「清国から奪った香港を清国に返還せよ」と迫ったことがある。これに対してイギリスは、「その前にメキシコから奪ったカリフォルニアをメキシコに返還すべきではないか」と応じたというが、所詮盗っ人同士の綺麗事に過ぎない。

そのアメリカである。

私どもが中学時代に教わった、アメリカ人の崇高な「開拓者精神」(フロンティア・スピリッツ)。崇高と思っているのは当のアメリカ人とそのアメリカに占領された戦後日本の日教組ぐらいではなかったかと思うが、その実は、先住民インディアンの掃討《そうとう》であった。何十万人のインディアンを殺し、何十万人を強制移住させたのか。その歴史は、普通の神経に照らせばアメリカの汚点であるはずだが、ジャーナリストであるオサリバンなどは「自由の拡大という神から与えられた使命である」（併合論）と言って憚《はばか》らない。このあたりが、一元主義しか知らぬ偏狭なアメリカ人のアメリカ人たる所以《ゆえん》であろう。

イギリスによるアヘン戦争に触れたなら、アメリカの対メキシコ戦争（米墨戦争）にも触れておかなければならない。

テキサスは、メキシコ領であった。ところが、スペインから独立を果たしたメキシコは、中央集権体制の形を採るものの統治力が弱く、各地で独立をめざす動きが活発化、アメリカ人の流入が続いていたテキサスもその一つで、１８３６年、テキサス共和国としてメキシコからの独立を宣言する。その後五年以内に、フランス、イギリス、オランダ、ベルギーがこれを承認し、１８４５年、アメリカはテキサス共和国を併合した。当然、メキシコはこれを認めず、両国は１８４６年に戦争に突入する。アメリカ軍は、太平洋岸のカリフォルニアの諸都市を占領、海上からは大西洋岸のベラクルスを攻略して勝利した。これによりアメリカは、たったの約二千万ドルを支払ってカリフォルニア、ネバダ、ユタ、アリゾナ、ニューメキシコ、ワイオミング、コロラドの管理権を獲得、メキシコは領土の三分の一を失ったのである。

実は、この戦争の帰趨《きすう》を決したベラクルス港占領作戦を指揮し、上陸作戦を成功させたのがガルフ艦隊を率いるペリーであったのだ。彼は、国務長官ブキャナン（後の第十五代大統領）の信頼する「タカ派」提督として知られていた。

米墨戦争勃発の十年ほど前、正確には1836年のことであるが、私たち日本人も映画などを通じてよく知っている事件が勃発した。「アラモ砦の戦い」である。主人公は、元下院議員デビー・クロケット。昭和の人間でこの名を知らぬ者は少ないのではないか。これは、もともとスペインの布教施設であった要塞「アラモ」を舞台として凡《おおよ》そ十日間に亘《わた》って繰り広げられたメキシコ共和国軍とテキサス分離独立派（テクシャン）の戦闘であるが、砦の守備隊を指揮した騎兵隊大佐ジェームズ・ボウイより、日本人にはデビー・クロケットの方が知名度が高い。後にフロンティア・スピリッツを具現化したシンボルとなったこの男は一民兵としてアラモ砦に立てこもり、二千人にも及ぶメキシコ軍に包囲、攻撃されて華々しく散った。砦に立てこもった民兵百八十三名は全滅、デビー・クロケットはアメリカの英雄となった。私どもの世代は、この事件を題材とした〝洋画〟に感動した。デビー・クロケットの勇気に感動したのである。

しかし、そもそもはアメリカ人のなし崩し的な侵略が招いた悲劇である。それにも拘らず「アラモを忘れるな！」というキャッチフレーズが湧き上がり、世論が沸騰する。

　実は、アメリカという若い割には狡猾な国は、よくこの手を使う。近いところでは「真珠湾攻撃」が同じである。帝国海軍連合艦隊の動きをキャッチしていながら、ホワイトハウスは現地ハワイの太平洋艦隊司令部にも意図してこれを知らせなかったとされる。日本側からすれば、トラップである。結果として、日本軍の〝奇襲〟という形が成立して「リメンバー・パールハーバー！（真珠湾を忘れるな）」の合言葉のもと、すべてのアメリカ人が日本に対する強い復讐心を燃え上がらせたのである。敵に先に手を出させ、「正義の戦い」を仕掛けるのだ。

　話が前後したが、このようにしてアメリカは西へ、西へと膨張し、遂に太平洋岸に達した。その更に先には何があるか。共に平和なハワイ王国と徳川日本である。

　世界地図を広げるまでもなく、日本列島の対岸に存在するもっとも広大な国はカナダとアメリカである。東日本大震災の津波で流された物が漂着した先は、当然のこととしてカナダやアメリカであった。この、実にシンプルな地理的現実を、私たち日本人は長い間殆ど意識してこなかったのである。

　さて、太平洋岸に達したものの、その頃のアメリカ海軍というものはまだまだ弱小であった。歴史家は、スウェーデンやエジプトより下位の世界第八位程度の、「列強」とは呼べない弱小海軍であったと位置づけている。世界ナンバーワンの力をもつ海軍国は勿論大英帝国であり、フランス、ロシアがこれに次ぐとされていた。ペリー提督とは、ニューヨーク海軍工廠《こうしょう》長官を務め、蒸気推進軍艦の建造を推進し、この弱小海軍の近代化を図った人物でもある。アメリカ海軍史においては「蒸気海軍の父」と呼ばれた、米墨戦争を勝利に導いた軍人であった。

アメリカにとって、次なる「西部」は太平洋である。ここに新たな経済圏を確立しようとした時、対岸の日本が視野に入る。そして、太平洋の対岸までを経済圏として確保しようとすると、先に清まで進出してきたイギリスと衝突することになる。イギリスは東南アジアから国伝いに、アメリカは次なる西部として日本をめざしたのが、江戸末期の東アジアの国際情勢であった。

2　老中阿部正弘の決断と功罪

アメリカは、米墨戦争の前から日本に並々ならぬ関心を示していた。ペリー来航の八年前、弘化二（1845）年、日本への使節派遣を決定、翌弘化三（1846）年、軍艦二隻が浦賀に来航した。使節は東インド艦隊司令長官ビッドル提督、目的は、日本が通商を行う意思があるかどうかの確認であった。日本側の回答は極めて事務的なもので、通商は国禁、外国との交渉は長崎のみにて行うというもので、ビッドルはこの回答をそのままもち帰っただけであった。

この感触を得て、アメリカ政府は方針を強硬路線と決定し、軍事的圧力を加えてでも日本と通商条約を締結する方針を固めた。

というのも、日本で幕末と言われる時代が押し詰まるに従って、アメリカは東アジアにおいてイギリスに決定的な遅れをとることを恐れ、焦っていたのだ。ビッドル提督が、「国禁である」との日本側の回答をもち帰ったことに対して、アメリカ国内では「弱腰外交」という批判があったようである。一日も早く太平洋航路を開設し、アジア太平洋経済圏を確立することは、イギリスへの対抗上喫緊《きっきん》の外交課題になっていたのだ。良質な港湾が多数存在し、石炭を豊富に産出する日本との通商関係を成立させることは、日を追うごとに重要性を増していったのである。平和的な外交交渉でそれが実現しない時は、軍事的圧力をかけてでも、という空気が強まり、ペリー提督の起用もそういう意図を含んだものと理解していいだろう。

果たして、嘉永六（1853）年六月、ペリーは浦賀沖に来航した。浦賀奉行所は老中首座阿部正弘の裁可を仰ぎ、ペリーの求める大統領国書受け取りについて、その諾否を回答する前に長崎へ回航するよう要請した。ビッドルの場合と同じである。しかし、ペリーはこれを拒否、兵を上陸させ江戸へ進出して国書の受け取りを求める姿勢を示した。これはもう、立派な恫喝《どうかつ》である。この時期のアメリカの対日外交は、完璧な恫喝外交に変わっていた。一説によると、ペリーは浦賀

ペリー来航図（写真:アフロ）

奉行になりすまして交渉にあたった与力香山栄左衛門に白旗二旒《りゅう》を渡したと言われている。日本が防戦してもアメリカに敵《かな》うわけはないから、その時はこの白旗を掲げよという意味になるが、この時のペリーならさもありなんという気もする。

この事態に対して、阿部正弘はどう対応したか。

幕府は、オランダ風説書によって海外情報を得ていたことは、既に述べた通りである。それによって、ペリーの来航そのもの、その目的は事前に把握していたし、来航する艦名まで掴んでいた。更に、司令官がオーリック准将からペリーに交代するであろうこと、上陸用並びに包囲戦用の資材が積み込まれたことまで、「別段風説書」とそれに添えられたバタフィア総督の書簡によって承知していたのである。

上陸用資材や包囲戦用資材を積み込んでいると知れば、ペリーが武力行使に及ぶかどうかは断定できないものの可能性はあると認識していたはずである。問題は、幕府が米墨戦争についての情報を得ていたかどうかである。

実は、ペリー来航情報を伝えたオランダ風説書（別段風説書）は嘉永五（１８５２）年のものであるが、これは米墨戦争については何も情報をもたらさなかったのである。このことも、松方冬子氏や金井圓《まどか》氏の研究によって明らかになっている。米墨戦争の結果は、アメリカとメキシコの軍事力、日本と比べてのアメリカの軍事力レベルを推し測る上で極めて重要である。

しかし、もともと幕府はオランダ風説書以外に、唐船風説書によっても海外情報を入手していた上、帰国した漂流民、密入国者などからもさまざまなレベルの情報を入手していた。時には、これらの〝非正規ルート〟からの情報と公式ルートによるオランダ風説書の情報を照合することすらあった。オランダ風説書に記載し、公式に江戸へ送付するかどうかは、実は通詞たちと長崎奉行の裁量の範囲内にあった。オランダ商館がもたらす情報がすべて風説書に記載され、幕府へ報告されたわけではないのだ。オランダ側がこの情報は江戸へ知らせておきたいと願っても、彼らにその裁量権はなかったのである。決定権は通詞たちと長崎奉行にあり、つき詰めれば長崎奉行の権限であった。

では、このことが「情報の隠蔽《いんぺい》」とか「情報操作」といった不実行為に当たるかといえば、私は単純にそう決めつけることもできないと考えている。確かに、不実行為に限りなく近いケースもあったであろう。というのも、オランダとの公式の唯一の窓口であった通詞たちは、オランダ船がもたらした海外産品を私的に売りさばくということも行っていたからだ。唯一の窓口であったが故に可能であったこの種の行為そのものは、確かに不正である。これは私的な商行為、私的な貿易であって、いわゆる

「役得」の範囲を越えている。この点は、オランダ商館員も同様である。ただ、これらの行為を隠すために、或いはそれを守るために風説書情報を操作したのかといえば、それは確認されていないし、証明もされていない。

例えば、宝暦七（1757）年、世界史的に著名な「プラッシーの戦い」が勃発、イギリス東インド会社の軍隊がベンガル・フランス東インド会社連合軍を撃破した。この勝利によってイギリスはインドにおける覇権《はけん》を確立し、ここからヨーロッパ列強のアジア侵略が本格化した。

この頃、オランダ東インド会社はベンガル産の生糸や絹織物を日本へ輸出していたのだが、これは利益が薄く、オランダ側はこの輸出を打ち切りたかった。そこで、この戦争を理由としてもち出し、ベンガル産生糸の入手が困難になったと説明したのである。更に、インドがこういう苦難に陥ったのは、多くの外国人を受け入れたからだとアピールした。つまり、日本がオランダ人だけと交流していればインドのように外国人に支配されることはないだろうということを示唆《しさ》した。「プラッシーの戦い」をうまく利用したことになるが、この重大な戦いのことはオランダ風説書には全く記載されなかった。

長崎奉行や通詞たちは、戦争のことは知っている。しかし、この、戦争があったという情報を幕府に知らせる必要はないと判断したことになる。何故なら、幕府は多くの外国人の入国を許さず、オランダ人のみと交易を行っている。ベンガル地方で発生したこの事態は、幕府の対外政策が正しいことを裏づけるものではないか。長崎奉行も通詞もそのように判断したと推測できるのだ。それにも拘らず、オランダ風説書には記載されなかった。それはもう、その戦争に関心がなかったとしか考えられない。長崎の幕府関係者にとっては、オランダがアジアにおいて平穏に、安泰に勢力を維持していることが何よりも大事であったに違いない。

つまり、保身の感覚である。我が身の安泰と言ってもいい。己の仕事が平穏に遂行されている限り、無用な情報を幕閣に与える必要はない。何でもかでも江戸へ知らせて、幕閣に無用な不安や心配を与えることは避けるべきだ。恐らく、オランダ風説書を公式情報として仕上げる過程で、そのような保身の感覚が働いていたのではないか。そう考えれば、オランダ風説書が「後世からみて重要な情報」を、オランダ側から入手していた場合でも無視していたのは、不正に繋がる「情報操作」といったようなことではなかったと考えられるのだ。オランダ風説書が米墨戦争に全く触れていないことも、同様の心理が作用したからではなかったか。

しかし、それでも幕府は米墨戦争に関する情報を掴んでいたのではないかと私は考えている。幕末の海外情報入手ルートは、更に多くなっている。戦争の結果程度は把握していたと思われるのだ。

それは、老中首座阿部正弘の決断に影響を与えたはずである。

備後《びんご》福山藩（十万石、後に加増一万石）藩主にして老中首座を務めた阿部正弘。我が国幕末史を考える上では、もっとも重要な人物の一人である。少なくとも、井伊直弼《なおすけ》や木戸孝允《たかよし》などより、研究対象としての重要度ははるかに高いと考えているが、そういう人物が人びとの関心範囲に入っていない点にも薩摩・長州による歴史教育の歪《ゆが》みが端的に表れている。

阿部正弘については前著『明治維新という過ち　完全増補版』（講談社）でそれなりの紙幅をとって述べたが、簡略にそれをなぞっておきたい。

阿部は、御三家末席水戸藩の徳川斉昭《なりあき》を「海防参与」というわけの分からぬ役職に就けて幕政にコミットさせた。徳川斉昭のどこを評価したのかといえば、実は全く評価していなかった。御三家の隠居に追いやられていた男が暇をもてあまして外からあれこれ口出しするのが厄介なので、これを内へ入れてしまって飼い慣らそうとしたに過ぎない。阿部は斉昭を「獅子のような方」だと評し、「獅子は古来、毬《まり》にじゃれて遊ぶもの」だとして毬を与えて遊ばせておけばいいと考えた。つまり、「海防参与」

とは阿部が遊び用に与えた毬なのである。

このあたり、阿部という男は意外にも策を弄《ろう》する政治家を気取るところがあるように思えてならない。斉昭に毬を与えたつもりで、水戸光圀以来の水戸学によるヒステリックな尊皇攘夷派の巣窟《そうくつ》水戸藩を取り込んだつもりでいたのであろうか。もし、それによって、長州を中心とした過激な暴力的尊攘原理主義者たちを抑えられると考えていたとすれば、それはその風貌通り甘いと言わざるを得ない。

阿部の渾名《あだな》を「瓢箪《ひょうたん》なまず」と言う。のらりくらりとして捉えどころがない、という意味であるが、終始人の話を聞くことに専念するその姿勢は、よく言えばバランス重視、悪く言えばリーダーシップの欠如と言えるだろう。つまり、調整型の政治家であったと言える。但し、これはテクニックとしての表面上の自己演出であった可能性が高い。

そもそも幕政というものは、「溜間《たまりのま》」詰め譜代大名の専権事項であった。御三家

阿部正弘（福山誠之館同窓会蔵）

は、あくまで将軍家の血を絶やさないための備えに過ぎず、幕政には一切口出しできないという不文律が存在した。現実に、これ以前に御三家から将軍職を出したことはあっても、御三家のいずれかが幕政に口を出した例はない。従って、徳川斉昭に「海防参与」という毬を与えたことは、異例中の異例のことなのだ。更に阿部は、外様である薩摩藩島津斉彬《なりあきら》に積極的な幕政参加を行わせた。このことも前例には全くないことであった。御三家と外様の登用……これも阿部流のバランス型政治であったのか。

このことは、大きな禍根《かこん》を残すことになるのだが、阿部の幕政コントロールに功罪があるとすれば、これは唯一最大の「罪」であったと言えるだろう。何故なら、このことが外様大名の幕政参加に道を開き、更には朝廷の政治介入工作を外様大名に許し、最終的に幕府の威信を大きく低下させて幕末大動乱の素地を作ることになったからである。

結局阿部は、ペリーの要求する国書受け取りについて、

「国禁を取捨するは遺憾なりと雖《いえど》も軽率にこれを拒絶し兵端を開き国家を危機に陥《おちい》るは我国の長計に非ず」

として、国書受け取りの閣議決定に漕ぎつけてしまうのである。そして、浦賀奉行所に対して、アヘン戦争（阿片騒乱）の先例をもち出し、浦賀での国書受け取りを指

示した。

米墨戦争において、メキシコ軍は主力兵器として小銃を用いており、大砲も備えていた。それでもアメリカ軍に敗れたのである。まだ火縄銃から脱し切れていない幕府や諸藩がアメリカと戦端を開けば、我が国の敗北は明白である。つまり、アメリカの要求を拒否して尊攘派が喚くような攘夷を決行することは不可能なのだ。阿部には、このことがよく分かっていたのである。

アメリカ大統領国書を受け取った阿部は、この和訳文を幕臣は勿論、諸大名、諸藩士から町方《まちかた》に至るまで広く一般に開示するという、これまた前代未聞の手を打った。決定的なことは朝廷にも報告したことである。この施策を「画期的な情報公開」とか、朝廷や諸大名への武力統制を改め「言路《げんろ》洞開《とうかい》」に踏み切ったなどと評価する向きがあるが、それはあまりにも現代的解釈と言うべきで、私ははっきり言って誤りであると考えている。

一国の命運を左右する重大事に際して、幅広く意見を聞くといえば聞こえはいいかも知れないが、重大事であればこそ政治家としては無責任極まりない。平成の現代でも「政治リアリズム」を欠いた政党に政権を担当させたらどういうことになったか、私たちは既に経験済みである。尤も、阿部がこれを一種のポーズとしてやったのなら、それはそれでいい。しかし、真面目に、真剣にやっていたとしたら、それこそ愚《ぐ》の骨頂《こっちょう》と言うべきであろう。

阿部の〝諮問《しもん》〟に対して、寄せられた意見書は、諸大名から約二百五十件、幕臣からは約五百件に達したという。中には、吉原の遊郭の主《あるじ》からの〝提言〟もあったという。楼主の意見は「酒を振舞い、仲良くしたと見せかけて、泥酔したところを包丁で刺し殺せ」というものであったようだが、この提言採用の暁には、という商売上の見返りも要求しているから可愛いといえば可愛いものであった。

意見書の大部分は、「要求の受け入れ、やむなし」「できるだけ引き延ばすべし」という類《たぐい》のものであったようだが、共通している大前提は、我が国にはまだ対抗できる軍事力がないとしている点である。つまり、この諮問が愚策であったとしても、今、攘夷戦争に踏み切れば負けるという認識がこの時点の武家社会の共通認識であったことが判明している点は注目されるべきであろう。数少ない主戦論を唱えていたのは、徳川斉昭や長州藩主毛利慶親《よしちか》（後の敬親《たかちか》）である。長州藩の場合は、藩内の突き上げが厳しかったことは容易に想像できる。因みに、尊皇原理主義者吉田松陰は、アメリカ艦隊はまた来るそうだから、その時こそ日本刀の切れ味を見せてやるなどと、勇ましいことを言っている。

嘉永七（1854）年、阿部正弘は遂に日米和親条約（神奈川条約）を締結した。二百年という長きに亘った徳川政権独特の閉鎖体制を終焉《しゅうえん》させるという、歴史的な決断であった。

幕政コントロール上の功罪について先に「罪」の部分に触れたが、阿部正弘には、多くの功績が認められる。もともと列強、特にロシア、アメリカとの武力衝突を避けるためには開国もやむなしと考えていた阿部は、これを段階的に実施しようとした。そして、列強と外交関係をもつことによって技術導入を図り、それを通じて先々《さきざき》列強に対抗し得る国家体制を創り上げるというビジョンをもっていたことは確かである。日米和親条約の締結に踏み切ったことは大きな功績であるが、その他、講武所や長崎海軍伝習所の設立、西洋砲術の導入・推進、大船建造の禁の緩和、蕃書調所《ばんしょしらべしょ》の開設、若手幕臣の積極的な抜擢《ばってき》登用など、その施策は「安政の改革」と言われ、この後の幕府、日本を支える基を創ったと言っても過言ではない。特筆すべきことは、阿部の人材登用によって、ジェネラリストとテクノクラートが見事に補完関係をもつ幕末の優秀な官僚群が一団として形成されたことである。これがなければ、次章で述べる日米通貨交渉などの幕府外交は成立しなかったはずである。

3　日米交渉と林大学頭

マシュー・ペリーは、嘉永七（1854）年一月、再び来航した。この時は、九隻の艦隊（内三艦が蒸気船）で来航し、浦賀を素通りして金沢沖に投錨《とうびょう》した。尤も、九隻から成る艦隊が整然と艦列を成して来航したわけではなく、〝バラバラに〟とは言えないまでも最終的に九隻になったということであり、来航の仕方そのものが「艦隊」の体を為していなかった。

第一陣の一隻マケドニア号（1341トン・帆船）が、日本の海防線（観音崎と富津《ふっつ》を結ぶ線）の内側まで入り込み、早速、三浦半島長井村沖で座礁するというあり様で、この事故の第一報は浦賀奉行所がペリー艦隊に通報したものである。そして、浦賀奉行所と彦根藩が救助に出動すると共に、事故の収拾に当たっている。

再訪の仕方が若干無様《ぶざま》ではあったが、浦賀奉行所の浦賀沖に停泊するようにとの指示に対して、ペリーはこれを拒否した。ペリーのやり方は常に強硬、高圧的であったが、広く「黒船来航」という言葉で語られてきたペリーの二度に渡る来航も、吉田松陰や坂本龍馬という人物のお話同様、実に虚飾に満ち満ちて伝えられており、ここで簡単に史実としての背景やアメリカ側の政治環境にも触れておきたい。

実はこの時点でアメリカ本国では政権が民主党に移っており、ペリーの対日強硬策に対して強い警戒感が出ていた。民主党の新大統領ピアスは、ペリーの琉球・小笠原領有計画に反対していたのである。その背景には、アメリカ同様に日本に通商を求めていたロシア、イギリス、フランスのアメリカに対する反撥があった。国内外から反撥を受けていたペリーは、一気に成果を挙げる必要に迫られていたのである。

更に、香港駐留中のペリーは、駐清国弁務官マーシャルと対立していたという事情を無視することもできない。ペリーは当然海軍長官の指揮下にあるが、弁務官は国務省の外交官である。実は、二人の対立はペリーの一回目の来航以前から続いていたのだ。

当時、清国では「太平天国の乱」が発生し、上海を中心とした沿岸部も決して安定した世情にはなかった。マーシャルは、弁務官として「アメリカ人居留民の生命・財産・活動の保護」を最重要課題としており、そのために蒸気艦を最低でも一艦清国に残すべきだと主張する。これに対して日本との条約締結をめざしていたペリーは、日本に対しては軍事力の誇示が必要と考えており、指揮下の蒸気艦船を譲りたくはなかったのである。

再来航が予定より早かったのも、恐らくこのようなペリーを取り巻く環境が彼にとって決して有利なものではなかったからであろう。ここで中途半端な形で帰国した場合、先のビッドルの二の舞になることは必至で、解任の可能性すら否定できない。ペリーの高圧的な外交姿勢は、彼自身の事情に因るところが大であったのではないか。

そもそもペリーは、当初から何故高圧的な態度で交渉に臨もうとしたのか。列強と呼ばれる国の軍人だからといえばそれまでであるが、事はそのような単純な理由では成り立っていないのだ。

アメリカの目的は、あくまで日本と通商関係をもつことにあり、付随して蒸気船に必要な石炭補給のための港を提供させることにあった。これには、当然、支那《しな》（中国）市場の獲得で先行しているイギリスに対する国家としての対抗心が働いている。「次なる大西部」太平洋市場の制覇には、蒸気船がまだ太平洋を横断できない以上、どうしても日本との外交関係、通商関係が必要であったのだ。

現代なら、この仕事は国務省がすべて仕切るところだが、当時のアメリカ国務省アジア担当課は僅か五名という貧弱な体制であった。在外公館として活動していた領事も、多くが商人領事であった。商人領事とは、貿易商が領事を兼務している形態の領事のことを言う。

当時の外交上の重要課題は「外交法権」であった。「外交法権」とは、法律の異なる外国で自国民が逮捕、抑留《よくりゅう》された時、これを保護する外交概念のことである。貧弱な体制の国務省が「外交法権」を発動することは実質的に不可能であり、海軍以外にこれを担い得る組織が存在しなかったのである。海軍軍人であるペリーが、まるで外交官のような体裁で対日交渉を行った背景には、アメリカ側のこのような事情が存在したことを承知しておく必要があるのだ。

さて、徳川日本にとって歴史的なペリーとの交渉について、いわゆる「官軍教育」による歴史叙述では、実は重要な事実が隠蔽もしくは無視されている。

そのもっとも重要な事実の一つは、ペリーが「発砲厳禁」の大統領命令を受けて来航していたことである。

アメリカ合衆国憲法では、大統領は宣戦布告の権限をもっていない。それは、議会の専権事項である。その議会は、民主党が多数を占め、日本宛て国書を発した大統領フィルモアの所属するホイッグ党（現在の共和党）は少数派であった。その上、フィルモアは副大統領から昇任した大統領であり、選挙の洗礼を受けていない。即ち、大統領フィルモアとその指令を受けているペリー艦隊は、議会に対して〝弱い〟立場にいたことを知っておく必要があるのだ。

このような背景から、ペリー艦隊は、「司令長官や乗組員に加えられる暴力に対する応戦」以外には「軍事力に訴えてはならない」という厳命を受けて来航している。彼らは、どこまでも「平和的な性格」の外交使節であらねばならなかったのである。

ペリーが艦隊の威力を誇示し、常に高圧的な態度を保持しようとしたのは、出国前にこのような強い命令を受けていたからである。このことを知っておけば、来航したペリーが事あるごとに礼砲を撃ったことも容易に理解できるのである。

余談に属するが、ペリーが最初の来航で幕府に渡した国書には、蒸気機関を備えた軍艦はアメリカ西海岸から日本まで十八日で到達することができるという意味の記載があるが、これは全く根拠がない話である。この時点までに、実際に太平洋を横断した蒸気船など一隻もなく、十八日というのは単なる机上の計算に過ぎない。

速度十八ノット、十分な石炭を搭載している一千五百トンクラスの船なら二十日間の連続航海が可能という実験結果から、これを距離に換算して一航海で九千六百マイルの航海が可能とした。この距離の物差しを太平洋に当ててみると、日本へは十八日で行き着けるという計算になるのだ。それだけの話である。

軍艦でありながら「発砲厳禁」という強い制約を受けて来航したペリー艦隊は、国際的にも「発砲できない」もう一つの大きな背景要因を抱えていた。

当時のアメリカは、まだ建国から八十年弱という「新興国家」であり、さまざまな面で旧宗主国である超大国大英帝国に頼らざるを得ない面をもっていた。

次なる大西部＝太平洋経済圏の構築をめざして当時としては巨大な蒸気機関を備えた軍艦を保有し始めていたが、燃料の石炭や乗組員の食糧などの物資を手当てする補給線をもっていなかったのである。アジア地域に強力な補給線を確保していたのは大英帝国であり、アメリカはこれに頼らざるを得なかった。そのため、イギリスと〝張り合う〟姿勢を見せても、実際に衝突することは絶対にできなかったのだ。

もし、ペリー艦隊であれ誰の艦隊であれ、「誇り高き」徳川幕府の統治する日本と交戦状態に陥れば、イギリスが「中立宣言」を発することは明白であり、そうなると国際法によってすべてのアメリカ船は、イギリス支配下のアジア地域のどの港にも寄港することが不可能となり、物資の補給は断たれるのだ。アメリカとしては、これは断じて避けなければならない。

明治近代政権の書いた官制の歴史を忠実に教え込んできたこれまでの公教育では、必ず「砲艦外交」だ、「軍事的圧力に屈した不平等条約」だなどと繰り返し、これは今でも正史として語られているが、黒船来航に関する一連の叙述は、殆どすべてが史実と大きくずれている。空砲、礼砲以外には絶対に発砲してはならない大砲を備え、何があっても日本に対して軍事力を行使してはならないというがんじがらめの制約を受けたペリー〝艦隊〟にできることは、ハッタリとしての示威《じい》行為と平和的な交渉以外にはなかったのである。

先に、老中首座阿部正弘が我が国の対応について外様大名から民間に至るまで幅広く意見を求めたことを述べたが、大統領国書受理直前に林大学頭《だいがくのかみ》の門下生である仙台藩士大槻平次が、林の諮問に答えている。その骨子は、以下の通りである。

・黒船四隻の戦力は強大であるが、彼らには交戦の意図は全くない。彼らには補給線がないからである
・彼らの意図は、蒸気船用の石炭補給地の確保である
・薪水給与地として下田や鳥羽の案があるが、下田の場合は韮山《にらやま》代官江川英龍《ひでたつ》を登用すべきである
・彼らが万里の波濤を越えて、断固たる決意を以て来航したからには、当方も多少は「御聞届《おききとどけ》」すべき（妥協すべき）であろう

・四藩による海岸防備の費用は莫大で、このままでは疲弊する
・交易は許すべきではない

見事なものである。

この、林大学頭の諮問に応えた私的な意見具申は、幕閣にも回覧された。そのことを考えると、後に「応接掛」（交渉団）の全権を林が務めたところから、史上初めての日米交渉に当たった幕臣外交団のスタンスに大きな影響を与えた可能性がある。

幕府は、一年ほど前からペリー来航を把握していた。艦名も、司令長官がオーリックからペリーに代わったことも把握していたのである。そして、来航地を長崎か浦賀と予測し、長崎のオランダ通詞の配置転換、浦賀奉行所の体制強化を図っている。

もっとも重要なことは、幕府が「避戦」を基本方針としたことであろう。

およそ外交という国家行動を考える時、軍事力という背景をもたない外交交渉というものは成立しない。しかし、幕府はまだ海軍力をもっていない。それでも海軍力以外の軍事力を検討し、日米の軍事力を比較分析したようであるが、その結論が「避戦」であった。要するに、勝てぬ戦は避けるということであったとも言えるだろう。

「元和偃武《げんなえんぶ》」以来二百数十年、「避戦」は徳川幕府の基本方針である。現実論も踏ま

えた上で、幕府は、初めての日米交渉においてもこれを貫こうとしたのである。

さて、ペリー再来航の直前、幕府はペリーとの談判に臨む「応接掛」＝外交団を編成した。林大学頭、町奉行井戸対馬守覚弘、目付鵜殿《うどの》民部少輔《みんぶしょうゆう》、儒者松崎満太郎、これに江戸城詰め浦賀奉行伊澤政義を加えて五名である。

林大学頭とは、官学であった朱子学を正しく継承することを担っていた林羅山《らざん》を始祖とする林家十一代林復斎《ふくさい》のことである。復斎は第二林家へ養子に出て、西の丸留守居、先手鉄砲頭などを歴任した能吏であり、昌平黌《しょうへいこう》の総裁を務めた秀才でもあったが、本家林家の大学頭が急逝し、嘉永六（１８５３）年、日米交渉の直前に林大学頭家の家督を継いだ人物である。後述する俊才幕臣岩瀬忠震《ただなり》は、復斎の甥に当たる。閉鎖体制を採っていた徳川幕府には、外交を専門に担当する組織は存在しない。従って、今日でいう外交官もいないのである。林復斎は学問ができる、だからお前がやれ、といった感じでいわゆる全権に指名されただけである。朝鮮通信使の応接には歴代林大学頭が当たっていたが、復斎は大学頭を継いだばかりである。

ところが、この林大学頭がペリーを相手にして見事な外交交渉を展開したのである。前述したように、ペリーはさまざまな制約を受けて交渉に臨んでいるが、それを差し引いてもこの交渉は幕府外交団が押し気味であった。少なくとも、全く対等に渡り合っている。明治近代百五十年間における日米交渉において、日米が実質的にイーブンに渡り合ったことは一度もないが、それ故にこの歴史的な第一回日米交渉の詳細は、歴史叙述で語られることが少ないのであろう。

加藤祐三氏が『幕末外交と開国』（講談社）において、この交渉過程をかなり詳細に整理しているが、これも参考にして林とペリーのやり取りを、一部紹介しておきたい。なお、表現はあくまで発言主旨であって、発言そのものではない。加藤氏の整理は、外交団が公式記録として残した『墨夷《ぼくい》応接録』とペリーの海軍長官宛報告（米国議会文書）をベースにしている。

林とペリーの交渉は、嘉永七（１８５４）年二月十日から始まった。

先ず林が大統領国書に対する回答を行った。

林　――貴国大統領書簡で要望があったものの内、薪水食糧と石炭の供与は差支えない。漂流民の救助も我が国法通りである。以上二条は了承するが、交易等は承諾しかねる。

この時、ペリーは別件をもち出す。

ペリー――ミシシッピー号の乗組員一名が病死した。海軍の慣例では、その地で当方の自由に埋葬する。地形などから夏島を希望するが、承知願いたい。

林　――不憫《ふびん》に思う。軽輩とはいえ人命に軽重はない。我が国では寺に葬るのが常であり、いずれの国の者でも無人の地（夏島）に葬るのは不憫である。浦賀の燈明台の下は如何か。

ペリー――ここから浦賀に送るのは手間取る。今回の交渉により、どこかの港にアメリカ人の滞在が可能となるはずである。その都度浦賀まで行くのは大変である。

林　――浦賀には外国船は入れない。墓参が必要なら、その時に改葬されればよい。

これに対してペリーは「ご配慮に感謝する」としか言えなかった。この話題は、明らかにペリーのジャブであろう。

ここでペリーは一気に攻勢に出る。

ペリー――我が国は人命尊重を第一として政策を進めてきた。自国民は当然のこと、国交のない国の漂流民でも救助し、手厚く扱ってきた。しかるに貴国は人命を尊重せず、近海の難破船も救助せず、海岸近くに寄れば発砲し、漂着した外国人を罪人同様に扱い、救助した日本人を送還しようにも受け取らない。自国民をも見捨てているようにみえる。これらは、如何にも道義に反する行為である。

我が国のカリフォルニアは、太平洋を挟んで日本国と相対している。今後、往来する船は増えるはずであり、貴国の国政が今のままでは困る。多くの人命に関わることであり、放置するわけにはいかない。国政を改めないならば、国力を尽くして戦争に及び、雌雄を決する用意がある。我が国は隣国メキシコとの戦争で、その首都まで攻め取った。事と次第によっては貴国も同じようなことになりかねないであろう。

これは、ペリーのあからさまな恫喝である。これに対して林が反論する。

林――戦争もあり得るだろう。しかし、貴官の言うことは事実に反することが多い。誤った伝聞をそのまま信じ込んでいるようである。我が国政に疎いのはやむを得ないが、我が国の人命尊重には世界に誇るべきものがある。この三百年にも亘って平和な時代が続いたのも、人命尊重があってのことである。

第二に、大洋で外国船を救助できなかったのは、大船の建造を禁止してきたからに過ぎない。

第三に、他国船が我が国近辺で難破した場合、必要な薪水食糧には十分な手当てを行ってきた。貴官の指摘は事実に反しており、漂着民を罪人同様に扱うというのも事実に反している。漂着民は手厚く保護し、長崎に護送、オランダを通じて送還している。貴国民の場合も同様であり、既に措置を講じて送還済みである。

貴官が我が国の現状についてよく考えれば、疑念は解消する。積年の遺恨もなく、戦争に及ぶ理由はない。とくと考えられよ。


ペリーは、「今後も薪水食糧石炭の供与と難破船救助を堅持されるなら結構である」と、引き下がらざるを得なかった。林の反論は実に冷静であり、ペリーの「戦争」という言葉を使った脅しは全く通用しなかった。

しかし、ペリーの攻勢は続く。

ペリー――では、交易はなぜ承知されないのか。そもそも交易とは有無を通じ、大いに利益のあることであり、最近はどの国も盛んに行っている。それにより諸国は富強となり、貴国の国益にも適う。ぜひそうされよ。

林　――交易が有無を通じ国益に適うと言われたが、我が日本国においては自国の産物で十分足りており、外国の品がなくても全く事欠かない。従って、交易は行わない。先に貴官は、第一に人命の尊重と船の救助と申された。それが実現すれば、貴官の目的は達成されるはずである。交易は人命と関係ないではないか。

この林の反論にペリーはしばらく沈黙し、一度別室に下がった後に回答した。

ペリー――もっともである。この度の目的は、人命尊重と難破船救助が最重要課題である。交易は国益に適うが、確かに人命とは関係がない。交易の件は強いて主張しない。

この瞬間、ペリーは「通商」要求を取り下げてしまったのである。

これについては、ペリーが交渉の優先順位について混乱していたとする見方もあるが、いずれにしても、一貫して林大学頭の冷静な対応が目立っている。日本側は、事務方の対処も実に迅速であり、終始想定しておいたストーリーを乱すことはなかった様子がうかがえる。

この交渉を経て締結された日米和親条約は、林が署名の仕方までペリーの主張に従わず、我が国の流儀を押し通したこともあって、漢文版、日本語版、英語版、オランダ語翻訳版のどれが正本なのか分からないという奇妙な形になっているが、アメリカ側が主張した二十四ヵ条は簡略に十二ヵ条に圧縮されてしまったのである。

幕府は、避難港として箱館と下田を開港し、十八ヵ月以降にアメリカの領事または代理人の駐在を許可した。そして、アメリカに最恵国待遇を付与したが、治外法権は一切認めなかったのである。

このように、史上初めての日米交渉は、アメリカの勝利とは言えなかった。むしろ、日本側に分があったと言っていいだろう。全権個人に対する評価をするならば、所詮外交官ではなかったペリーにとっては荷が重かったと言えるかも知れない。林の論理展開力は、明らかにペリーを上回っていた。

一般論として、国家として軍事力の裏付けのない外交交渉は成り立たない。このことは、現代に至るも全く変わっていない。ところが、幕府は海軍力をもっていない。ペリーは、海軍力を背景にして交渉に臨んでいる。そして、林もまた本来の外交官ではない。林だけでなく、この外交交渉は日本人にとって初体験であったのだ。

そのような状況で、何故林はペリーを圧倒する外交交渉ができたのか。

ひと言で言えば、林を支えていたものは、武家の堅持していたアイデンティティというものであろう。加えて、確固たるアイデンティティに裏打ちされた胆力というものが備わっていたということではないだろうか。

このことは、森田健司氏と私の対談の場でも話題となった。森田氏も、

「現代でも、そういうことをできる日本人は少ないと思います。むしろ、当時より減っているでしょう。外交経験もない中で、武家としてのアイデンティティを以て交渉に当たれたというのは、純粋に尊敬できます」

と述べた上で、更に、

「最終的には自分で何らかの責任をとる覚悟があるからこそ、例えば川路《かわじ》聖謨《としあきら》の判断

や林大学頭の論理は、力をもち得たのでしょう」（以上『明治維新　司馬史観という過ち』悟空出版）

という見方をしている。

この時点で、林以下の日本側外交団が、ペリーが当時本国指令の強い制約下にあったことを、どこまで知っていたかは定かではない。しかし、徳川日本を代表し、強大な軍事力をもつ国家の全権代表から「戦争をするぞ」と脅されて、軍事力ももたないのに「それもあり得るだろう」と堂々と受け止めた林大学頭。確かに森田氏の指摘する通り、責任はこういう形でとるという精神文化で育った人間が権限を与えられて交渉しているのだ。確固とした覚悟が最初からあったからこそ、述べてきたような全く引けをとらない交渉ができたのであろう。

交渉に先立ち林大学頭が幕閣に対して、

「手前どもにお任せいただきたい」

と言い放っていたことを付言しておきたい。

地理的な要因もあるが、我が国はアメリカに重きを置くか、ロシアに近づくかという米露二択を迫られるか、或いは自らそういう思考をするという局面に立たされることが多い。日米和親条約締結の時が、まさにそれであった。もともと対日接近はロシアの方がはるかに早かったが、この嘉永七年＝安政元（１８５４）年という年は、両国が〝鉢合わせ〟した年でもある。阿部も大変なら、幕閣も幕府官僚も大変であった。

４　日露交渉と川路聖謨

北方海域で小競り合いとも言うべき小さな衝突を含みながら、ロシアが最初に本格的な使節を派遣してきたのは、寛政四（１７９２）年のことであった。日本人漂流民を伴ってラックスマンが根室に来航したのだ。幕府は、この頃から「鎖国は祖法、外交交渉は長崎で」という回答、対応を繰り返してきた。なお、日本人漂流民を伴うのは、何もロシア船だけでなく、各国共通と考えて差支えない。通商を求めて来航する方も、それなりの危険を冒して接触してくるのであって、有無を言わさず攻撃されるリスクもあり、それに対する備えの一つである。人質とは言えないが、漂流民を保護し、送り届けに来たという体裁を採ることが多かったのだ。

文化元（1804）年には、レザノフが軍艦で長崎に来航、文化八（1811）年にはロシア軍艦の水兵が水、食糧の補給を求めて国後島《くなしりとう》に上陸、同島を守備する幕吏が艦長ゴローニンを捕縛するという事件も発生した。

ところが、ペリー来航を知って嘉永六（1853）年七月に長崎へ来航したプチャーチンは、これまでのロシア軍人たちとは違って、紳士的であった。プチャーチンの長崎来航は、嘉永六（1853）年七月、つまり、ペリー来航の僅か一ヵ月後である。幕府にしてみれば、堪《たま》ったものではない。

ただ、プチャーチンも同様で、同年十月にはクリミア戦争が勃発した。ロシアは伝統的に「南下政策」を採り、不凍港を求めて南へ、南へ進出しようとしていた。世界の覇者イギリスは、「東進政策」を採って、東へ、東へと支配地域を広げつつあった。クリミア戦争とは、この、ロシアの南下政策とイギリスの東進政策の衝突と位置づけられる。プチャーチンは、そういう開戦前夜の不穏な空気の中を日本へ来航したのである。

プチャーチンとの交渉に臨んだのは、勘定奉行で海防掛を兼務していた川路聖謨である。川路については前著『明治維新という過ち　完全増補版』（講談社）でも触れたが、彼は、紛れもなく幕末幕府を代表する、阿部正弘政権の誇る俊傑の代表的な一人である。

彼のプチャーチンとの交渉は確かに見事であった。大東亜戦争敗戦後、ロシアによる北方領土の侵略が固定化しつつある中、我が国の戦後歴代政権は口先だけで実質的には何ら為す術《すべ》をもたず、また固有の領有権を回復させようとする意志すらもっていたかどうか疑わしいほどに無能力をさらけ出し続けてきたが、川路は全権としてプチャーチンと渡り合い、遂に国境線の策定においてロシア側の譲歩を引き出している。これは、我が国が外交交渉によって国境線を定めた唯一の事例ではないだろうか。

幕府は、外交交渉を援護すべき強大な軍事力をもっていない。一方、ロシアはアメリカ同様、それを背景に交渉に臨んでいる。川路は、国際関係における軍事力に裏打ちされた力学というものを十分理解しながらも、武家社会日本の代表として徹頭徹尾正論を押し通した。プチャーチンの方がこれに感服し、その後二人の間には信頼関係さえ生まれている。安政大地震の際には、津波によってロシア旗艦・ディアナ号が沈没したが、幕府はロシア兵及び乗員五百名を超法規措置によって上陸させ、幕府の手で新たな軍艦を建造して全員を無事出国させている。蛇足ながら、この時、海防参与・水戸の徳川斉昭が「ロシア人を全員殺せ！」と喚いたことは有名な話である。

若干補足しておくと、ペリーより一ヵ月遅れて長崎へ来航したプチャーチンは、ロシア海軍攻撃のためにイギリスが艦隊を派遣したとの情報に接してひとまず上海に避難、嘉永六（1853）年十二月長崎に戻り、川路と六回に渡って会談、部分的な合意に達してひとまず日本を離れ、翌嘉永七（1854）年八月、クリミア戦線に艦船を回す必要もあってディアナ号単艦で箱館に来航、箱館での交渉を拒否された上、大坂、下田と〝たらい回し〟にされ、十月に下田にて川路と再会談をもった。ここで安政大地震の津波に遭ったもので、ディアナ号が大破するという混乱の中、彼らは津波にさらわれた日本人複数名を救助している。ディアナ号は戸田《へだ》へ回航途中で沈没、代替船の建造は、ロシア人の指揮の下、日本の船大工がこれに当たった。この間に川路・プチャーチン会談がまた再開され、元号が改まった安政元（1854）年十二月、遂に日露和親条約が締結されたのである。

プチャーチンは、日本人によって建造された代替船を「ヘダ号」と命名、これは六十名しか乗れなかったため、アメリカ船、ドイツ船を雇って兵員を分乗させて帰国した。ところが、ドイツ船に乗った三百名は途中でイギリス船に拿捕《だほ》され、全員捕虜となっている。

明治二十（1887）、年、プチャーチンは既に他界していたが、娘オリガ・プチャーチナが来日、伊豆の戸田村を訪ね、プチャーチンが村人から受けた好意に感謝、プチャーチンの遺言として百ルーブルを寄付している。そして、平成十七（2005）年、下田にて日露修好百五十年を祝うイベントが開催され、当時の小泉純一郎総理が出席している。川路とプチャーチンの築いた信頼という絆は、激動の歴史を乗り越えて引き継がれているのである。

対米、対露という共に難しい二面外交交渉を展開しながら、幕府の中にロシアに対する好感が生まれたのは当然の成り行きであったと言える。中には、ロシアと同盟を組んでペリーの要求を拒否すべし、という主張もあったようである。少なくとも、ロシアをカードとして使おうという意向が幕府にはあった。ペリーの高圧的な態度に嫌悪感があったことも背景要因にあるが、そういう雰囲気の中でプチャーチンに対して決して油断していなかったのが、当の川路である。ロシアと組んでペリーと一戦を交えると息巻く者まで出てくる中で、川路はロシアが日本を守るためにアメリカと戦ってくれるなどと考えていた形跡は全くない。このあたりが、幕府外交の一翼を担った川路聖謨の外交官としての資質の高さであろう。

川路は、日露関係をカードとして、対米交渉をのらりくらりと引き延ばすことが賢明であるとの立場を採っていた。結論の「先延ばし」というと、現代政治においてはネガティブなイメージしかないが、ペリーとの交渉における引き延ばし策は極めて有効であったはずである。川路がペリーのその時点での背景を把握していたかどうかは分からぬが、合衆国新大統領ピアスの信任を失っていたペリーは、前節で述べた通り、仮に日本側がその要求を突っぱねたとしても日本を武力攻撃するなどということは決してできなかったのである。林復斎の対米交渉は見事なものであったが、外交官としての資質という点ではやはり川路聖謨の方が更に上手《うわて》であったかも知れない。

プチャーチンもロシア外交団も川路のことを、ヨーロッパ人にもなかなかいないウイットと知性に富んだ人物、我々に反駁《はんばく》する巧妙な弁論で知性を閃かせたが、彼を尊敬しないわけにはいかなかった、などと最大の賛辞を贈っている。川路もまたプチャーチンを評して、自分など足許にも及ばない豪傑であると敬服している。

一国の命運を左右しかねない外交交渉とは、いつの時代でも厳しいものである。しかし、その中にも生身の人間同士の信頼関係が生まれて初めて、外交成果というものが生まれるものではないだろうか。そして、その信頼関係とは、互いの知性、人間力といったものに尊敬の念が加わって初めて成立するものであろう。

極貧の徒士《かち》の子に生まれ、勘定奉行にまで昇りつめた英傑川路聖謨。奈良奉行時代には神武天皇陵の比定（捜索）を行って朝廷に報告、それによって後にその位置が確定されたと言われる。東大寺、興福寺一帯に桜と楓数千本を植樹したのも川路であった。井伊直弼に一橋派と目されて左遷された上、更に隠居に追い込まれ、文久三（1863）年復帰するも、直ぐ辞職、晩年は中風を患い半身不随となった。慶応四（1868）年、薩長軍による江戸城総攻撃予定日に、割腹の上、ピストルで喉を撃ち抜き自害、滅びゆく徳川と運命を共にした。半身不随で刀のみでは自害が全《まっと》うできぬと判断したのであろうが、ピストルによる自害とすれば、我が国で初めてのピストル自殺となる。『人間臨終図鑑』を著した作家山田風太郎は「徳川武士最後の華」と表現した。

5　大老井伊直弼の決断

「いわゆる鎖国」を解き、日米和親条約を締結するという歴史的な政治実績を残した老中首座阿部正弘は、安政二（1855）年十月、老中首座を佐倉藩主堀田正睦《まさよし》に譲り、自らは老中として閣内に残った。内閣総理大臣がその座を禅譲《ぜんじよう》によって去り、改めて一国務大臣として内閣に残るような形である。この時点で幕閣は、対外協調路線で一致していた。

佐倉藩主堀田正睦は、「蘭癖《らんぺき》大名」として知られている。蘭学を奨励し、蘭医佐藤泰然《たいぜん》を招聘して佐倉順天堂を開設したのも堀田正睦である。この佐倉順天堂が今日の順天堂大学に繋がっている。また、この藩からは洋学者津田仙が出ているが、津田仙の娘が後に津田塾大学を創設することになる津田梅子である。佐倉藩とはそういう開明的な藩風であり、正睦自身も政治的には積極的な対外協調派であった。阿部が正睦に老中首座を譲ったのも、その政治外交姿勢を認識してのことであろう。

堀田正睦の老中首座就任については、溜間詰の筆頭大名・彦根藩主井伊直弼の推挙があったからだとする説もある。この説を採れば、この体制は、譜代筆頭井伊直弼を後ろ盾とした阿部・堀田連立内閣という見方もできる。

安政三（1856）年七月、先の日米和親条約に従って設けられたアメリカ領事としてタウンゼント・ハリスが下田に来航、玉泉寺を宿舎として、八月、ここを領事館とした。日米交渉は、アメリカが再度通商を求める第二ラウンドに入ったのである。

余談ながら、堀田正睦は堀田正篤《まさひろ》が初名であったが、薩摩島津家から第十三代将軍徳川家定に輿入れした篤姫《あつひめ》の名を憚《はばか》ってこの年安政三（1856）年に堀田正睦と改名したものである。

ハリスが着任して二ヵ月後、清国で「アロー号事件」が勃発した。清国官憲がアロー号を海賊船として検問、清国人乗組員十数名を逮捕したことが発端となった。この船は、船長のみがイギリス人であった。当然、イギリス領事パークスがこれに噛みついた。機会を狙っていたパークスとしては、理由は何でも良かったわけで、イギリス船籍の船をイギリス人船長不在時に検問した不当性を強調し、乗組員の釈放だけにとどまらず、謝罪と賠償金を要求するという事態となったのである。清国がこれを拒否すると、イギリス海軍は広東砲撃という軍事行動を起こした。イギリス本国では、下院が清国側の主張を認めたが、政府は解散・総選挙まで行って軍の派遣を決定した。まるで平成日本かと思われる向きもあるだろうが、議会を設けているとはいっても、政府がその気になればこういうことがまかり通ったのが、当時のイギリスである。これを横目に見ていたフランスはフランスで、宣教師が殺害されたことをもち出し、イギリスと共に軍事行動を起こした。

国際情勢が緊迫する中、安政四（1857）年六月、阿部正弘が病死する。俗にいう「開国」という大事業をはじめ、安政の改革と言われるさまざまな改革、事業を推進する中で、心労が重なっての死去であることは明白であろう。先に述べたように、阿部正弘とは実に大きな功績を残した政治家であった。明治以降の歪んだ歴史教育によって、一般にはその名すら埋没しているが、素直に歴史を辿れば、日本近世から近代史上に大きな足跡を遺した稀代の政治家であったと認めざるを得ない。中でも、日米和親条約を締結し、対外協調路線を切り開いたことと、優秀な官僚群を成立させたことは、評価すべき事績の中でも特筆すべき実績である。列強に対抗し得る国家建設を企図し、彼が描いた富国強兵策とも言える幕府の基本的な将来設計図は、そのまま薩長政権に引き継がれることになる。

ただ、阿部は重大な失策を犯した。日米和親条約締結前に、広く意見を諮問するという名分で外様大名にも幕政参画の道を開いたこと、朝廷の意向を伺うという形で、大政委任の原則を破ったことである。このことが、朝廷と外様西南雄藩の幕政に対する発言力を次第に強める結果を招き、最終的に幕府崩壊へと繋がったことは明白である。しかし、柔和な風貌に似ず、万事果断に改革を推し進めた阿部の勇み足が蟻の一穴となって薩長の軍事クーデターにまで繋がることを、ハリス着任のこの時点までに誰が予想し得たであろうか。

ハリスは、清国の情勢を背景に、日本にとっての英仏の脅威を殊更《ことさら》強調し、だからこそアメリカと早急に通商関係をもって武備を整える必要性を説く。阿部の跡を継いだ堀田は、阿部と同様、諸大名にまで幅広く意見を求める。こうなると、政治というものは一気に混迷の度を深め、迷走することが多い。

例えば、現代日本には約四百二十万社の企業＝法人が存在するが、その99パーセントはいわゆる中小零細企業である。中小零細企業にはオーナー企業が多く、今、その多くの企業が後継者を誰にするかという課題を抱えている。いわゆる「事業承継」という重大な課題である。この時、一人の優秀な後継者を得られず、何人かの集団に次の時代を任せようとすることがある。集団指導体制という経営体制である。ところが、規模の大小を問わず企業が集団指導体制を採って成功するという事例は、実に少ない。中小零細企業に至っては、集団指導体制を採れば、必ず失敗すると言われている。やはり、組織というものはリーダーの強い吸引力が存在しないと成立しないという本質的な体質をもっているのだ。国家も全く同様で、強い吸引力、リーダーシップをもつ者が多少強引にでも引っ張っていかないと、それなりの期間に亘って安泰に存続することは難しいと言えるだろう。勿論、強力なリーダーの指導力と独裁権力というものが本質的に異質であることは言うまでもない。

阿部に倣《なら》った堀田の「言路洞開」策とも言える幅広い諮問に対して、諸大名の大部分は「もはや通商はやむを得ない」という点では一致していた。しかし、「期限を設けよ」とか「ハリスの求める江戸駐在は拒否せよ」などと、さまざまな条件を建議するのだ。責任当事者でなく、幕政参画によってそれぞれの思惑をもつ者が衆議を行えば、こうなることは必然であったと言える。そして衆議というものは、もっとも安全な策、また誰もが反対しづらい策、「勅許を得るべき」というところへ行き着く。阿部が残した、朝廷を政治の場へ引き出すという前例が、時代の気分としての勤皇意識の高まりに後押しされて、堀田の政治行動に枷《かせ》をはめることになったのである。

堀田は、ハリスに条約調印を二ヵ月延期することを求め、ハリスはこれを「帝《みかど》の国事行為」、即ち一種のセレモニーであると認識した。日本では、帝の国事行為としてのセレモニーを経て初めて、物事がスタートすると受け止めたようである。

安政五（1858）年一月、堀田は、勘定奉行川路聖謨、目付岩瀬忠震という外交問題のエース級を伴って上京、勅許を得ようとする。ここでまた堀田も、重大な失策を犯す。

堀田は、皇室と関白九条尚忠《ひさただ》、前関白鷹司政通《たかつかさまさみち》にそれぞれ一万両、武家伝奏《てんそう》の公家二人にそれぞれ一千両の寄進を表明したのだ。夷人嫌いの孝明天皇を戴く朝廷は、頑《がん》迷《めい》な鎖国攘夷で凝り固まっており、この朝廷工作は当初から生易しいものでないことぐらいは堀田らも分かっていたはずである。だからこそ現金を用意したのかも知れないが、これは浅慮というにはあまりにもお粗末過ぎた。誰が発案したのか定かでないが、公卿たちはともかく、純真な孝明天皇の性格を全く理解していないのだ。御付武家、武家伝奏、更には京都所司代の大いなる怠慢と言わざるを得ない。金の力で朝廷を籠絡《ろうらく》しようとするものと受けとられたこの工作が成功するはずもなく、堀田一行は何の成果もなく江戸へ帰るしかなかったのである。

この時、彦根藩主井伊直弼が背後で関白九条尚忠に働きかけ、「幕府に委任する」との勅答が出される寸前だったという説がある。これが事実だとすれば、直接動いたのは、井伊の腹心で国学者の長野主膳義言《しゅぜんよしとき》であろう。しかし、この時、八十八人の公家が一斉に参内して反対の意見書を上呈するという事件が起きて、長野の工作は実らなかったのである。八十八人の公家の列参事件は、堀田を援護しようとした井伊の裏工作を潰したことになる。

ただ、ここで注意しておくべきことがある。堀田が、確かに勅許を欲してそれが叶わなかったことは事実であるが、朝廷の回答は、御三家以下の諸大名の意見も聞いて改めて請願せよというものであったという点だ。条約調印を断固拒否せよ、とは回答していない。再度願い出よ、というのである。言葉面《づら》の問題に過ぎないというのは浅見であって、政治とは言葉面の争いでもあるのだ。

勅許を得るために上京し、それに失敗した堀田の行動は、幕府への大政委任という伝統的な朝幕関係の原則を更に弱める結果となった。アメリカとの通商条約の条文素案は、岩瀬忠震、井上清直《きよなお》とハリスとの間で既にできている。諸大名も大勢は了解している。そういう中での堀田の京都工作の失敗は、事態を逆流させるものであった。

ここで幕府は、井伊直弼を大老に任命する。安政五（1858）年四月二十三日、堀田が江戸へ帰着した僅か三日後のことである。

譜代筆頭、彦根藩主井伊掃部頭《かもんのかみ》直弼。溜間詰のリーダーでもある。幕政は、伝統的に溜間詰大名が担ってきた。井伊直弼は、その溜間詰大名の筆頭でもあったのだ。更に、彦根藩とは、西国雄藩と朝廷に対峙するような要衝に位置し、常に両者に対して睨みを利かせることを立藩のポジショニングとして成立したものであり、石田三成の佐和山城を中心に近江全域の主要な城郭から資材を集めて天下普請によって造営された彦根城に象徴されるように、その存在は徳川政権を支える大黒柱であった。この時代、当然のことながら、幕府は井伊直弼個人を大老に任じたということではなく、徳川の柱である彦根藩の藩主を、更にいえば彦根藩を大老に据えたのである。

因みに、江戸期の大老とは幕府職制における最高職であり、老中の上に置かれた将軍の補佐役であるが、あくまで臨時に置かれる職であった。これも家康時代から確立していたものではなく、三代家光治世下から始まったとする説、この職制が確立した五代綱吉時代からとする考え方、或いは、寛永九（1632）年に任命されたとされる井伊直孝からとする説などさまざまな主張、考え方があり、どれが正しい、誤りだというものではない。そして、あくまで名誉職であったという主張は多くみられるが、職制の上で老中の上に位置する最高職であることは明白であり、名誉職的に何もしないか、積極的に幕政にコミットするかは本人次第である。井伊直弼が、名誉職に過ぎないのに意図して口を出してきたというような言い方もごく一部にみられるが、これはその時点の政治状況からしてかなり無理のある解釈であり、単なる感情的な論評と言われても仕方あるまい。

「大老四家」と言われる通り、この職は、近江彦根藩井伊家、上野前橋藩・若狭小浜藩・播磨姫路藩の酒井家、下総古河《しもうさこが》藩土井家、上野安中藩堀田家の四家以外からは任命されない。井伊直孝から数えた場合、井伊家からは再任を除くと六名の大老が出ており、酒井家から四名、土井家、堀田家からはそれぞれ一名となっている。徳川政権において、井伊家、酒井家は、それほど重きを為していたのである。

井伊直弼は、堀田をしてハリスと交渉させ、通商条約の調印期限を七月末まで延期させた。井伊は井伊で、条約調印には勅許が欲しかったのである。前述した通り、堀田が受けた勅諚《ちょくじょう》は、諸大名の意見も聞いて改めて請願せよというものであった。調印を断固拒否せよとは、朝廷も公式には言っていない。井伊は、幕府方針に変更なしとしながらも、勅命により意見を求めるという姿勢を採り、諸大名に答申を求めた。勿論、大勢は「通商条約調印やむなし」であった。これを受けて井伊は、再度勅許を得ようと考えたはずであるが、ここで水戸の前藩主徳川斉昭とその子である藩主徳川慶篤《よしあつ》、やはり御三家の尾張藩主徳川慶勝《よしかつ》が猛然と条約調印に反対する。

井伊直弼は、この時点まで一貫して勅許なしの条約調印には反対の立場を採っていた。井伊直弼と本多忠徳《ただのり》の二人は、閣議においてもこれを強硬に譲らなかったのである。むしろ、他の幕閣が「大政委任」のスジ論や現実論から「無勅許やむなし」の態度を採っていたことに注目すべきであろう。

井伊直弼という人物は、実は強烈な尊皇派であった。後世の薩摩・長州の書いた歴史ではこの点が見事に抹殺されている。このことは、薩長史観とも言われる現代の歴史教育の大きなポイントの一つである。但し、井伊は幕政を与《あずか》る幕閣としては、他の主要幕臣と同じく対外協調派でもある。

井伊を大老に就けたのは、実は十三代将軍徳川家定なのだ。側《そば》用人や江戸城内表向きの目付など、いわゆる将軍側近の動きを記録した『公用方秘録』によれば、江戸へ帰着した堀田が家定に復命拝謁した際、松平春嶽を大老として事態の収拾に当たりたい旨上申したが、家定は、大老を置くなら家柄からも人物からも井伊直弼しかいないと述べたという。これを受け、幕閣のみならず将軍側近が井伊の説得に動いた。

そもそも、堀田が将軍に対して堂々と松平春嶽を推挙したことに注目すべきであり、「大老四家」以外から推したこと、またそれができたこと自体、この時点で幕府自らが築き上げてきたさまざまな秩序ルールがかなり崩壊していたことを表している。これは、事の是非を言っているのではない。これに対して、将軍家定が大老を置くなら井伊直弼を、としたのは、幕府の最高権力者である将軍としては当然の対応であったと言えるだろう。

それはともかく、井伊直弼が生粋《きっすい》の尊皇派であったことは、懐刀《ふところがたな》と言われた長野主膳義言の存在も少なからず影響している。

チープな歴史読み物を振りかざす人びとは、長野主膳をスパイか忍者のように思っているようだが、この人物は国学者であり、歌人でもある。出自は全く分からない。少なくとも私には分からない。私の育った村の隣村、彦根城下のはずれに五百羅漢で有名な天寧寺《てんねいじ》という寺があるが、そこに墓がある。若い頃の経歴もよく分からず、正確に言えば私は知らないが、天保十年過ぎには彦根にいたようである。その後、京に出て、九条関白家に仕えた。言うまでもなく、関白九条尚忠は孝明天皇の外戚に当たり、この九条家と井伊家は密接な繋がりをもっていた。井伊直弼は、藩主になる前にこういう長野主膳の弟子になった。藩主になる前ということは、埋木舎《うもれぎのや》の時代である。

井伊直弼は、井伊直中《なおなか》の十四男であり、なおかつ庶子

埋木舎玄関（筆者撮影）

である。本人自身が、自分が井伊家の当主になるなどということは微塵も考えなかったであろう。考えられなかったと言った方が当たっている。可能性とか確率で言えば、ゼロである。江戸期とは「養子の時代」でもあるが、二男、三男なら井伊家の方でも養子縁組を考えるが、さすがに十四男ともなるとそれもない。一生、何がしかの捨扶持《すてぶち》をもらって部屋住みの身で終わるのが普通であろう。

現実に、直弼は十七歳から十五年間、三百俵扶持の部屋住みであった。この時期暮らした屋敷を「埋木舎」と言う。彼はこれを「号」としても使用している。この埋木舎の時代に、長野主膳から国学を学び、文武両道に通じるあらゆる学問、流儀を学び、自らも独自の流派を創り上げたりした。国学、和歌、茶道（石州流）、能楽、狂言、兵法、舞、禅（曹洞宗）、居合、馬術、槍術、陶芸等々、その学識は実に多岐に渡っている。中でも居合は、新心新流の祖であり、茶道では『茶湯一會集』という著書もある。『茶湯一會集』の冒頭にあるのが、有名な「一期一会《いちごいちえ》」という言葉であり、この言葉を初めて使ったのが、つまり創ったのが井伊直弼であることを知る人は意外に少ない。「一期一会」を指すと考えられる概念はそれ以前に存在が認められるが、この概念を四文字に表現したのは、埋木舎時代の直弼である。

私は、藩校弘道館の流れを汲む、彦根城内の高等学校で高校時代を過ごしたが、一時期毎日のように、この埋木舎に立ち寄ってから帰るのが日課であった。質素な屋敷でいつ行っても人は誰もおらず、勝手に邸内奥深く立ち入り、ただその空気を吸って時間を過ごしていた。屋敷前の堀の鯉がパチャッと立てる水音さえ奥の庭まで聞こえたほどの静寂が支配していたことを、今でも身体で覚えている。

運命とは人智の及ぶところではない。この埋木舎で文字通り世捨人として、ストイックに生きていた直弼に藩主の座が回ってきたのだ。詳細な経緯や物語としてのその前半生は、第一回のNHK大河ドラマの原作にもなった舟橋聖一氏の『花の生涯』や母利《もり》美和《よしかず》氏の『井伊直弼』をお読みいただきたい。

幕政の責任者としては対外協調派であり、心底では尊皇攘夷派と言っても決して間違いではない大老井伊直弼は、岩瀬忠震を目付として下田奉行井上清直を全権に任じてハリスとの交渉に当たらせた。既述した通り、岩瀬忠震とは、先の日米和親条約締結の際の日本側全権、大学頭林復斎の甥に当たり、積極的な対外協調論者である。井上清直は、日露交渉で述べた川路聖謨の実弟で、これまた三度も外国奉行を務めた開明派である。幕府は既に対外協調路線へ舵を切っているので、二人が開明派であったことは殊更《ことさら》強調すべきことではないが、中でも岩瀬の開明主義は徹底して強固であった。明治になってジャーナリスト、劇作家として活躍した福地源一郎（桜痴）は『幕末政治家』を著して幕末の政治状況について貴重な証言を残しているが、彼はこの時、岩瀬の下で働いていた。その福地によれば、幕吏の中で鎖国攘夷の「臭気」を微塵も帯びていなかったのは岩瀬ただ一人であったという（『幕末政治家』岩波書店）。

また、後に通貨交渉においてハリス、オールコックの米英連合と熾烈な通貨交渉を行うことになる同僚格の水野忠徳《ただのり》が、さすがに無勅許調印を心配したのに対しては、岩瀬は、京の公卿らには世界情勢を理解し、国家の利害を考える者など一人もいない、それを知りながら勅許、勅許と時間を無駄にし、時機というものを失うのは無智の至りであると論断し、「かかる蟠根錯節《ばんこんさくせつ》の場合に遭遇しては快刀直截の他有るべからず」と言い切っている。やはり無勅許調印の影響を懸念する井上清直に対しては、この調印が不測の事態を惹き起こし、徳川家の安危に関わる重大事に至ったとしても、口にはしづらいことではあるが、「国家の大政を預かる重職はこの場合に臨みては社稷《しやしよく》を重しとするの決心有らざるべからず」、つまり、国政を預かる者は己の保身、組織の保全など考えず国家の命運を優先して考えるべきであると、尋常ではない覚悟を吐露している。岩瀬は幕臣である。見事と言うしかない。岩瀬という男の存在は、幕末官僚群の優秀さを示す一つの典型事例であるが、美辞麗句のみで世渡りする平成日本の政治家や軟弱な霞が関官僚は、多少なりともこういう先人に学ぶべきであろう。

井伊は最後の最後まで、勅許を得るまで調印を延期するように、ハリスと交渉することを指示したが、井上と岩瀬が、どうしても調印せざるを得ない状況となった場合は調印してもいいかと確認した時、その時は調印せよとの内諾を与えた。井伊は井伊で、覚悟を決めていたのである。その覚悟とは、

・アメリカと局地的であれ武力衝突し、清国のように領土割譲という事態を招けば最大の国辱である
・通商関係を拒否してアメリカに敗戦するのと、無勅許ながら条約を締結し戦争を回避して国体を堅持するのと、どちらが国家として大事なことか
・朝廷の意向とは国体を汚すなということであり、そもそもその趣旨に沿って大政は幕府に委任されている

という判断に基づくものである。そして、勅許を得ないことについては、直弼一人がその責を負うという、大老として重大かつ当然の覚悟を以て決断した。

どうみても、これは極めて当然の政治判断である。朝廷には、外交どころか国内統

治の組織も人も知識も情報も手法も存在しない。時流の意識として高まった勤皇精神という観念論だけで国際政治に対応できるわけがないのだ。薩摩・長州が、政権を奪取した後もなお何の青写真も描けず、空白の置けない政治を担当するについて幕臣を頼ったことがこのことを如実に証明している。

安政五（１８５８）年六月十九日、全権井上清直、目付岩瀬忠震とハリスとの間で、日米修好通商条約は、アメリカ軍艦ポーハタン号艦上にて調印された。

後世の薩長史観による歴史家が「安政の大獄」という言葉を創り、井伊を弾劾《だんがい》する中で、彼が岩瀬や川路聖謨、水野忠徳たちを左遷したことも〝いっしょくた〟にして語られるが、それは誤りである。俗にいう安政の大獄という政争は、水戸藩が朝廷に密勅を出させたこと（戊午《ぼご》の密勅）と水戸の徳川斉昭が実子である一橋慶喜を将軍に就けようとして南紀派と争った将軍継嗣《けいし》問題が一義的な背景要因である。勿論、通商条約の問題も結び付けることはできるが、幕府は阿部正弘政権の時に既に「開国」しており、無勅許であることを以て日米通商条約の締結のみを俗にいう安政の大獄と一本の直線で結びつけるのは当時の政治環境に照らして、あまりにもおかしい。

井伊に調印を決断させたのは、岩瀬と井上であるが、井伊は官僚にそれを委ねた以上、政治家として覚悟すべきことを覚悟している。

春浅み野中の清水氷《こおり》いて
　底の心を汲む人ぞ無き

桜田門外で水戸・薩摩のテロリストに暗殺される直前の井伊の和歌《うた》である。

余談に属するが、吉田松陰が彦根藩主に就任した頃の井伊直弼を称賛していることを知っておいても、幕末史を正す上では害にはならないであろう。

アロー号事件が片づいたからといって、イギリスをはじめとする列強が対日武力侵攻に乗り出した可能性は低い。しかし、低い可能性の中で、仮にその意図が列強に僅かでも潜んでいたとすれば、それが表に噴き出すことを防いだのは、紛れもなく阿部正弘、井伊直弼の決断、覚悟と、それを支えた幕末の徳川官僚群の奮戦であった。

第四章　幕末日米通貨戦争

1　ハリスは童貞?

嘉永六（1853）年、黒船が来航して日本は開国したというのが、学校で教える日本史である。しかし、屁理屈《へりくつ》のようなことを言う心算《つもり》はないが、十八世紀末から十九世紀にかけて、アメリカ船がオランダ国旗を掲げて出島に来航し、交易を行っている。これは、オランダも了解した上での日米交易である。つまり、実質的な日米交易は、幕末時点で既に百年ほどの実績をもっていたということになるのだ。

天保十三（1842）年、老中首座阿部正弘は、遭難した外国船に対して飲料水や燃料の給与を認める「薪水《しんすい》給与令」を発令した。ペリー艦隊来航の十一年前である。これは文政八（1825）年の「異国船打払令」を否定し、対外政策を百八十度転換したことを意味し、その点で実質的な開国と看做《みな》すこともできる。また、オランダ国旗を掲げていたとはいえ、寛政九（1797）年以降、長崎・出島へアメリカの交易船が来航した回数は少なくとも十三回以上とされ、日本人が黒船によって初めてアメリカ人と接したかのような歴史教育は往時の実態を歪めている。更に、弘化二（1845）年には日本人漂流民を救助した捕鯨船マンハッタン号が浦賀に入港、浦賀奉行と対面しているし、翌弘化三（1846）年には、アメリカ軍艦二艦が浦賀に来航、通商を求めたが、幕府はこれについては拒否した。つまり、ペリーがアメリカ人として初めての来航者ではないのだ。

2015年、私は歴史教科書を出版する実教出版の企画で、幕末史の専門家でもある聖徳大学・大庭《おおにわ》邦彦教授と対談する機会を得た。その時、開国の時期ということについて、両者は次のようにその見解を述べ合っている。

―司会　まず、「開国」の時期については如何《いかが》でしょうか。

―原田　実質的な日米交易は十八世紀末から変則的な形ではあっても存在しましたが、政策転換としての開国という意味では「天保の薪水給与令」を以て「鎖国」を解いたとするのが妥当でしょう。しかし、時期がいつかということを特定することは大きな問題ではないと考えています。「天保の薪水給与令」には南京条約やアメリカの対メキシコ戦争などが背景にあり、確かに政策の転換があったとは思いますが、「開国」を考えるにはむしろ「鎖国」の実態、幕府の管理貿易という側面について知るべきでしょう。そのあたりは学校では教えているのでしょうか。

―大庭　教科書はほとんど「鎖国」という言葉を使っていますよね。ただ、今は「鎖国」を体制として捉えることはしていません。1630年代に、後に「鎖国」と呼ばれる外交システムが完成したということです。対して「開国」についてはどうか、ということですが、1853年から、それまでとは明らかに違う方針転換がおきてくる。その後を段階的、構造的に捉える必要がありますね。たとえば、「薪水給与令」は一方的な給与で、相対的なものではない。これに対して和親条約は、もともとアメリカ側の草案は、自由貿易を前提に協定関税制・領事裁判権といった不平等条項も明記した草案で、二十四ヶ条からなっていた。これが幕府との交渉の過程で十二ヶ条にまで絞り込まれていきました。内容についても、自由貿易を認めない官貿易という点では、今まで長崎で行っていたものとの幕府側の言い分が成り立つ余地が生まれることとなったのです。このあたり、幕府の交渉術の巧みさや外交能力の高さを示すものといえると思います。(『じっきょうNo.81』実教出版)

両者の見解がピタッと一致したというような対談ではなかったが、このやり取りだけからでも分かる通り、実際の歴史研究は学校教育や教科書のレベルからはかけ離れて進んでいるということである。

いずれにしても、薩長政権誕生までの四半世紀、幕府はオランダ以外の列強、アメリカをはじめ、イギリス、フランス、ロシア、プロシアを相手にそれなりに外交経験を積んだのである。ペリーの黒船が来航して、初めての経験で右往左往し、それに乗じた混乱、倒幕運動で幕府が急に崩壊し、薩長政権が初めて欧米と渡り合うようになったなどという歴史は存在しないのだ。それは、例えば「歴女」が好むマンガやゲームの世界の話である。

第一、黒船という言葉そのものは戦国期から存在する。先に述べたポルトガル船＝南蛮船こそが「黒船」であった。西欧列強の航洋船は防水のため、黒色のピッチを塗っている。その色で「黒船」というのだが、幕末においてもそれはペリー艦隊だけのことではなく、日本人はそれ以前にイギリスやロシアの黒船と接触している。また、現代人は黒船を蒸気船と思い込んでおり、蒸気船であることが幕府をはじめ江戸市中の人びとを恐怖の底に落とし込んだなどという勝手な話を創り上げているが、帆船も「黒船」であった。ペリーは四艦で来航したが、蒸気外輪船は旗艦「サスケハナ」と

「ミシシッピ」のみで、あとの二艦は帆船であった。とにかく、ペリー来航時の事柄についても、いい加減なテレビドラマの乱造の影響か、多くのデタラメがまかり通っている。

それ以外にいちいち挙げていてはキリがないので、あと一つ二つ。

「太平の眠りをさます上喜撰《じょうきせん》　たった四ハイで夜も寝られず」という狂歌は誰でも知っていようが、これは明治になってからの創作であるとする説が有力である。ただ、近年、黒船来航直後のものであることを示唆する資料が発見されたという話があり、これはまだ断定することができなくなった。問題は、それほど江戸の町民は恐怖に慄《おのの》いたのかということだ。答えは否、である。

ペリー艦隊は、勝手に江戸湾の測量を始めたが、その際合図の空砲や独立記念日には祝砲を撃った。しかし、このことは事前に幕府に通告されており、幕府は市中にその旨触れを出している。それでも最初は砲撃音に驚く者もいたが、そのうち砲撃の度に花火と同じ感覚で喜んだというのが事実である。浦賀に溢れた見物人は、珍しいものを見ておこうという好奇心で集まった群衆である。中には勝手に小舟を仕立てて黒船まで接近し、乗艦して交流する者も出てきたという。これに対して幕府は、「警戒するように」との注意喚起を行っている。

ペリーの要求は前述の通りで、ここでは割愛するが、一年の猶予期間を置くということで幕府と合意したにも拘らず、半年後に再来航した。「翌年再び来航した」という表現がよく使われ、一年後に来航したと誤解している方《かた》も多いが、確かに暦は翌年になっていたが、それは半年後のことである。この時は、バラバラではあったが九艦で現れた（六艦は帆船）。日本へ着いてからは、どういうわけか、「ポーハタン号」が旗艦となっている。後に、あの批准使節を乗せて太平洋を渡る、例の「ポーハタン号」である。現地には前回以上に見物人が集まり、浦賀は完璧に観光スポットと化した。勝手に小舟を繰り出して乗組員と接触する江戸市民は前回以上にいたようだが、面白いことにペリー側はこの時、フランス料理で江戸市民をもてなしている（条約締結に備えてフランス人シェフが乗艦していた。また、吉田松陰が浦賀で黒船に乗り込もうとしたとするのは誤りで、それは後の下田においてのこと）。幕府サイドも、横浜応接所における最初の日米公式会談後、超豪華な本膳料理で彼らを饗応している。

この時の三百人分の本膳料理は江戸の「百川《ももかわ》」が二千両で請け負ったとされるが、この二千両という金額が何ドルに、或いは現代の幾ら位に相当するかが本章「通貨」「為替レート」のテーマではあるが、ここでは簡単には換算できない。一億だ、いや二億かかったと諸説が存在するが、殆どがその換算根拠を示していない。いずれにしても、日本側の役人も、その後頻繁にペリー艦隊へ料理を食べに行ったことは事実である。

そして、およそ一ヵ月に亘る外交交渉の末、幕府は薪水給与・避難港として下田と箱館を新たに開港した。ペリーは横浜村に上陸を許可され、全十二ヵ条から成る日米和親条約（神奈川条約）が締結された。その後、交渉の場は下田へ移され、和親条約の細則に当たる、全十三ヵ条から成る「下田条約」も締結された。

時は下って昭和二十（１９４５）年九月、米英を中心とする連合軍に敗れた日本は、東京湾へ入っていたアメリカの戦艦「ミズーリ号」の甲板上で無条件降伏文書に署名したが、この調印式にもち込まれたのがペリー艦隊の旗艦「ポーハタン号」に掲げられていた星条旗である。アメリカ軍は、九十年前のペリー艦隊の日本に対する「武力圧力」の効果を生々しく記憶していて、わざわざこれを本国から調印式の場にもち込み、この星条旗の前で日本側に署名させたのである。ペリー来航時の国書の主《ぬし》・大統領フィルモアが典型的な「タカ派」であること、武力行使は厳禁されていたものの、ペリー自身が日本に対しては「恫喝」が有効であると考えていたことは、先に触れた通りである。

ペリーは帰国後、『ペリー艦隊日本遠征記』を著し、議会へ提出した。この記録は、その後日本を訪れる西欧外交官や商人たちのバイブルとなり、今でも「第一級の資料」と評価されているが、実はこれは、ホークスという牧師が、ペリー自身の企画に沿って編纂したもので、いってみればペリーがプロデュースしたゴーストライターによる「作品」である。ゴーストライターの手になる「作品」がどういうものであるかを素朴に考えると、その資料価値は割り引かざるを得ないであろう。

再び付言しておくと、オランダからの通知、即ち、先に述べたオランダ風説書などによって幕府は最初のペリー来航前からその情報を把握しており、突然の出来事で驚天動地といった状況に陥ったわけではない。

さて、本題はその後の日米交渉である。

締結された日米和親条約第十一条には、アメリカは領事を駐在させることができると明記されている。それに従って、初代駐日領事として来日し、日米修好通商条約締結の全権を委任されたのがタウンゼント・ハリスである。

ペリーとハリス。私たち日本人は、小学校時代からこの名前をセットにして教えられた。占領軍司令官マッカーサーと共に、我が国の歴史上もっとも知名度の高いアメリカ人の一人であろう。そして、ハリスほど日本人による〝麗しき誤解〟に包まれた人物も珍しい。

例えば、身近なところで「ウイキペディア」で「タウンゼント・ハリス」を検索し、冒頭だけでも見ていただくと面白い。曰く、

「タウンゼント・ハリスは、アメリカ合衆国の外交官である。初代駐日本アメリカ合衆国弁理公使。民主党員、敬虔な聖公会信徒で生涯独身・童貞を貫いた。（以下略）」

童貞を貫いた？

このようなことにこだわってもあまり意味はなかろうが、こういう記述をする方の気が知れない。童貞を貫いたかどうか。これほど立証が難しい事実関係も少ないだろうが、〝状況証拠〟でしか判断できないこの種の事柄について敢えてコメントすれば、この記述は「あり得ない」。

ハリスといえば、『唐人お吉』である。この物語が、事実とはほど遠い創作であることは誰もが知っていようが、「お吉」が実在の女性で、ハリスの身の回りの世話をしたことは紛れもない事実である。いや、ハリスは怒ってお吉を解雇した、というハリス信奉者も多いが、ハリスはお吉を当初において門前払いしたわけではない。更に、江戸市中の寺にアメリカ公使館が置かれて後、寺の出戻り娘を一夜引きずり込んだことは明白である。

ハリスの童貞問題は、実はどうでもいいことであるが、この人物には「敬虔な」と

か、「清廉潔白な」といった類《たぐい》の修飾言葉は一切当てはまらないのだ。日米通貨交渉を繰り広げながら、そして、外交官特権を生かしながら、この男が如何に私腹を肥やしたか、それも確信犯としてそれをやったか、簡略にでも整理しておきたい。

前置きとしてのペリー来航の話に紙幅を取り過ぎ、まるで「予告編」みたいになってしまったが、次節以降、もともと上海・香港あたりをうろついていた商人であるハリス、この男の正体をうすうす理解しながら同じ過ちを犯した英国公使オールコック、小判（金貨）と一分（銀貨）の正しい価値を必死に守り抜こうとした水野忠徳《ただのり》の通貨をめぐる外交攻防戦をなぞってみたい。

『大君《たいくん》の通貨』で第四回新田次郎文学賞を受賞した作家佐藤雅美氏は、同書の中で次のように言い切っている。

――（幕府）瓦解の原因はいうまでもない、すべてハリスとオールコックのミス・リードにあり、二人が幕府を倒した。こういっても、決していいすぎではない。――

私は、幕府瓦解の原因は複合的であると考えているが、ハリスとオールコックの存在と行動もその要因の一つに入ることは佐藤氏の指摘する通りであろう。

2　一ドルは一分か三分か

「幕末の三俊」という表現がある。岩瀬忠震《ただなり》、水野忠徳、小栗忠順《おぐりただまさ》のことを言う。私にはこれに若干異論があり、言うとすれば「幕末の四俊」ではないかと思っている。川路聖謨《かわじとしあきら》が抜けているのだ。いずれも幕臣であり、幕末の特に外交に奮闘した優秀な官僚たちである。岩瀬や水野は、既に述べた「瓢箪なまず」、老中首座阿部正弘に抜擢・登用された人物で、彼らの存在は阿部正弘最大の功績であると言っても過言ではない。

先に述べた通り、ハリスを全権とするアメリカ合衆国との日米修好通商条約に署名したのは、井上清直と岩瀬である。岩瀬は、その前にロシアとの間に日露和親条約を締結している。水野忠徳は、その後の日露交渉で川路聖謨を補佐すると共に、日英修好通商条約、日仏修好通商条約に日本側全権として署名した。ハリスと英国の初代駐日外交代表オールコックが組んだ米英連合と通貨の交換比率問題で渡り合ったのが水野である。

日米修好通商条約には「貨幣の同種同量交換」という条項が盛り込まれている。実に馬鹿げた条項で、国際的にこういう条項が盛り込まれた条約など例がないのではないか。如何なる国も自国の通貨と他国の通貨を自由に両替・流通させるものである。この「貨幣の同種同量交換」という条項を強引に差し挟んだのは、ハリスである。岩瀬には、その不利がよく分かっていたが、時はアヘン戦争、アロー号事件の直後であり、アメリカとの合意を急がなければあの恐ろしい無法者イギリスがやってくる。当時の幕府の方針に従って岩瀬は動かなければならなかった。

当時の幕府のイギリスに対する恐怖心というものは生半可なものではなかった。清国を侵略する手段としてアヘン貿易を仕掛け、極東の眠れる獅子を喰いにかかったのだ。ここではアヘン戦争について詳述する紙幅はないが、この残虐な事実は、共産主義者による数多くの虐殺以外では、アメリカによる原爆投下を含む無差別空爆による日本市民の虐殺、ナチスによるユダヤ人虐殺と並んで世界史に残る「人道に対する三大犯罪」として永く記憶されなければならない。知人の複数の中国人によれば今でも中国人はこの歴史事実を根深く忘れておらず、それは南京や重慶を中心とする反日感情とは異質のものらしい。

イギリスの極東におけるこの侵略行為が幕府に対して大いなるプレッシャーをかけ、日本は開国し、いわゆる不平等条約に署名せざるを得なかったと、これまでの公教育では簡単に教えるが、これは明白な間違いとは言えないまでも、著《いちじる》しく正確ではない。アヘン戦争そのものについてもそうだが、引き続き惹き起こしたアロー号事件に対して、イギリス世論は政府及び極東に展開した自国のさまざまな勢力に対して非常に厳しかった。さすがのイギリス人も自国のやり方があまりにも正義や良識に反するものであると、自責感情を抱かざるを得なかったのである。こういう国内世論を受けて、イギリス政府は広東領事から初代駐日外交代表として日本に赴任しようとしていたオールコックに対して、次の内容を含む訓令を発している。曰く、

・日本人の信頼を勝ち取ること
・日本政府への要求や忠告は性急であってはならない
・江戸条約は遵守されなければならないが、それについて攻撃的であってはならない

清国に対しては武力を背景とした恫喝外交に終始し、事実武力を行使してあからさ

まな侵略をエスカレートさせていたイギリスが、これから付き合いの始まる日本に赴任しようとする自国の外交代表に出した訓令とはとても思えない内容を含んでいたのだ。同じ頃、中国沿岸や長崎を舞台として活動するイギリス商船や商人たちに対して、イギリス政府は以下の内容を含む「王室布告」を発令している。

・政府は、イギリス臣民が日本の法律を侵害し、日本政府によって船舶を没収されたり、罰金を科されたとしても保護しない

同時に、艦船指揮官に対しても「王室布告」が発せられている。

・イギリス臣民が日本の国内法や条約を侵害するという行為を防ぐために、あらゆる手段で日本政府を支えること

幕府中枢は、アヘン戦争をはじめとするイギリスの情け無用の清国侵略の事実を知っている。そして、英仏を、大袈裟に聞こえるかも知れないが悪魔のように恐れた。このことは、英仏の侵略事実をみれば無理もないことで、むしろ認識としては間違っ

ていない。ただ、その後巻き起こった国内世論とそれに対応せざるを得なくなった英国政府の対日方針の修正には気づいていなかったのではないか。尤《もっと》も、オールコックが訓令を忠実に守らなかったことも一因として挙げておかなければならないだろう。

ハリスはここを衝いた。「ひな形」としての通商条約の締結を急がせ、そのことが予想されるイギリスの強硬な対日要求に対するディフェンスになると幕閣に信じ込ませたのである。アメリカがどうあれ、フランスがどう出てこようが、また日本が如何に無防備であったとしても、イギリスはアヘン戦争とアロー戦争に対する激しい国内世論の足かせをはめられて日本侵略は不可能であったのだ。東洋の出先が無理やりやろうとすれば不可能とは言えなかったかも知れないが、少なくとも容易ではなかったのである。このことに、幕閣や主だった幕府官僚が気づいていたかどうか、それは定かではない。

では、そもそもハリスとは、何者であったのか。

この、幕末史においてもっとも有名なアメリカ人は、もともとニューヨークの商人であった。陶器を扱っていたらしい。兄と共同経営をしていたが、その兄と金銭トラブルを起こした。平たく言えば、店の金をもち逃げしたのだ。そういう場合、アメリカでは西へ逃げることが多かった。彼はサンフランシスコへ逃れ、更に東アジアへ流れた。そして、貿易船をチャーターして「スーパーカーゴー」となって、何とか生きていた。「スーパーカーゴー」とは、例えば、シャムで仕入れた荷物を香港あたりで売りさばいて利を得るという商売で、海の行商人といったところである。

要するに、東アジア沿岸を漂うしがない行商人であったのだ。何年かこういう生活をしていて、齢《よわい》五十を目前にすると何を考えるか。老後の生活のことであろう。ハリスも例外ではなく、〝定職〟を求めた。それが、広東や上海といった中国沿岸都市の「領事」であるが、偶々《たまたま》ペリーが日本の下田開港に成功し、下田もハリスのターゲットとなったのである。しかも、当時、中国沿岸の領事の年俸が千ドルであったのに対して、新しく開かれた下田赴任の領事の年俸は五千ドルという好条件であったという。

当時は、商人と外交官との間に明確な職業区分が確立していなかった。ヨーロッパ諸国から中国にやってくる〝外交官〟という人種は、官僚なのか商人なのか、明確な区分ができない時代であった。彼らは、〝領事〟として赴任してきても商売もやっている。更に、〝領事〟としては、入港してくる自国の貿易船から入港手数料とも言うべき手数料をとったりする。これは官庫に入ることはなく、〝領事〟個人の懐へ入る。つまり、商売をしながら〝領事〟という肩書を得れば、更に副収入が増えるというだけのことであった。幕末の外交を考える時、このような基本背景を無視するととんでもない〝麗しき誤解〟を仕出かすことになるのだ。

余談ながら、ペリーが日本へ向かう時、ハリスは上海で同乗を希望したが、軍人ではないという理由で拒否されている。

では、何故下田領事の年俸が、中国沿岸部に比べれば破格の五千ドルと設定されたのか。それは、下田ではまだ中国沿岸部のような「領事の副収入」が期待できなかったからである。ということは、本国政府も領事というものが商行為を含め年俸以外にさまざまな副収入を得ることを認識していたということになる。定説のレートでは、当時の一ドルは現在の邦貨四万円とされている。つまり、ハリスの年俸は現在価値でいえば二億円となる。

ハリスは、下田領事という〝定職〟を得るために借金までして本国へ帰り、熱心な猟官活動を展開したようだ。分かり易く言えば、金で領事という職を買ったのである。年俸二億円の職となれば、多少の金をつぎ込んでも十分元はとれる勘定である。これ以外にハリスは、後述するようにドルと一分の交換レートを利用し、日本の金流出に繋がる「コバング漁《あさ》り」に精を出し、佐藤雅美氏によれば年間、現在の邦貨価値にして三億四千万円程度を稼いでいたのである。こういうハリスが、日米通貨交渉の一方の当事者であったのだ。

実は、先にいわゆる"黒船"で来航したペリーは、滞在が長引くにつれ帰国を急ぐようになり、為替レートに関しては「暫定」という条件ながら日本側と妥協点に達していたのである。それは、一ドル＝一分という日本側の主張を受け容れたレートであった。

周知の通り、当時の日本の幣制は、一両＝四分、一分＝四朱である。そして、金貨で比較すると二十ドル金貨が五両に等しい。これは、金含有量の比較によるもので、このことは後任のハリスも調査済みで反論できる余地はなかった。ということで、一両＝四ドルが公定の為替レートであった。ところが、当時のドルはメキシコドル（銀山がない建国当初のアメリカは絶対的な通貨不足に悩まされていて、隣国メキシコで大量に鋳造されていたメキシコドルを法定通貨にせざるを得なかった）であり、一分貨もメキシコドル貨も共に銀貨である。金貨の比較で二十ドル＝五両となれば、二十ドル＝二十分となり、一ドルはまさに一分に等しい。水野がハリスとの交渉で徹底して衝いたのが、この点であった。ところが、一ドル貨が銀貨であることから、同じ銀貨同士、同種同量交換というハリスサイドの主張に沿って比較すると、一ドルは一分の三倍となるのだ。米英外交団の主張する一ドル＝三分とは、この根拠による。

一ドル＝一分か、一ドル＝三分か。ハリス・オールコックの米英連合と水野は、これをめぐって熾烈な交渉を展開したのである。

3　コバング大流出

幕末の通貨交渉を振り返る時、二つの言葉を知っておかなければならない。「コバング」と「イチブ」である。「コバング」とは「小判」を英語化したもので、「イチブ」も同様に「一分」をそのまま単位としたものである。つまり、一コバングとは一両のことであり、例えば三分のことを「三イチブ」と言った。この「コバング」と「イチブ」のドルとの交換比率が、幕末日米英通貨交渉の唯一最大の争点であった。

一部前節の繰り返しになるが、金本位制を採る日本（幕府）においては、国内の〝基軸通貨〟は一両小判、即ちコバングであり、この通貨は金56・77対銀43・23から成る金貨である。この含有量から、一両＝四分の日本での金銀比価は一対五となるのだ。この時点の国際的な金銀比価は、大体一対十六であり、日本のコバング（金）は相対的に安かったことになる。もし、イギリスのオールコックより先に赴任しているハリスが〝善意の交渉者〟であったなら、交渉を始めるに当たって彼はこのことを日本側に通告すべきであった。しかし、彼は、〝意図的に〟これを行わなかったとみられる。〝意図的〟であったことは、後の彼の「コバング漁り」という〝浅ましい〟行動をみれば明白である。

一方、当時のドル貨幣はメキシコドルであり、イチブと同じ銀貨である。金貨としては二十ドル金貨があり、金含有量でみると二十ドル金貨は小判五枚に等しく、ここから一両＝四ドルという「公定レート」が成立した。一両＝四分という日本の幣制と一両＝四ドルという「公定レート」が共に認められたものであるならば、当然一分＝一ドルである。水野忠徳は、徹底してこの主張をハリスに投げ続けた。

ところが、重量比較をすれば、メキシコドルはイチブ貨の三倍であった。これを盾に、ハリスは一ドル＝三イチブを主張して譲らなかった。これについて、水野は主張する。一分銀なる貨幣は、政府（幕府）が刻印を打つことによって、三倍の価値を付与している、と。つまり、現代の不換紙幣と同じようなもので、小判の補助通貨であって政府の刻印によってその価値を維持している通貨だというわけだ。その性格が不換紙幣と同じなら、同量交換などできるわけがない。

水野は更に主張する。同種同量交換するには、双方の貨幣の品位や価値を等しくしておく必要がある。品位や価値を等しくすることに何故非があるというのか、と。

水野が品位や価値を等しく、ということにこだわるのは、実は幕府は横浜開港に備えて新しい「二朱銀」を発行していたからである。この二朱銀の正当性について水野は実に論理的にハリス、オールコックに説明しているが、彼らは水野の的を射た論理は常に無視した。「二朱銀」については、折にふれ触れることになるだろう。

通貨の話というものは、いつの時代でもややこしい。私は、私自身と読者のためにできるだけ簡略に述べているが、一ドルが三イチブか、一イチブかという争点の背景にはさまざまな経緯があり、一分銀の複雑な歴史も横たわっている。しかし、結論だけ述べれば、水野の主張が論理的に正しい。後に英国大蔵省顧問アーバスナットも、自国のオールコックをはじめとする対日外交団の誤りであって、日本側（水野）の主張が正しいと裁定している。

ハリスやオールコックには、理解できなかったのだ。有史以来、世界のどこをみてもそのような貨幣を流通させている国などどこにもない、と彼らは全て水野の「二枚舌」だ、「陰謀」だ、「子供じみたペテン」だと非難し、恫喝交渉を続けたのである。これは、ハリスやオールコックと岩瀬や水野との頭脳の差であると言えるが、彼らにしてみれば、自分たち欧米文明圏からみれば未開地である極東の、支那《しな》の更に奥地の小さな島国でこのようなある意味で〝先進性〟の高い幣制を採っていることなど想像だにできなかったとしても無理はない。政府の刻印を打つことによって三倍の価値を付与するなどということを欧米で行ったらどういうことになるか。ハリスやオールコックが主張する通り、たちまち贋金《にせがね》作りが横行し、大混乱が起こるだろう。しかし、日本では金銀の採掘権、専売権は幕府が握っている。市中に出回る金銀など存在しない。贋金を作りたくても、金銀は市中に存在しないのだ。

更にいえば、日本は既に「黄金の国ジパング」ではなかった。江戸中期より貨幣鋳造のための金銀を輸入に頼っていたのである。そして、その貿易は官制である。どこからみても、贋金作りのための金銀など一般市民には手に入らないのだ。更に決定的なことを付け加えれば、江戸期日本とはアメリカなどと違って実に高度な倫理社会であった。政府の刻印を真似て贋金を作って儲けようという発想が出現する確率は、格段の違いで低かったと言い切ることができるだろう。

通貨の同種同量交換……圧力に屈して但書付きとはいえ条約の条項に盛り込まれたこの一項は、当時のヨーロッパにおいても国際間の基本的な外交原則に違反している。ハリスは既述の通り商人上がりであり、オールコックはといえば、彼は元々医者である。外交官として来日していても、共に外交官としての基本を踏襲して対日交渉に当たったかといえばそういう事実はなく、ハリスは私欲が絡んで狡猾であり、オールコックにはイギリス人らしい日本、東洋に対する偏見が根底にある。二人に共通していたのは、日本に対しては恫喝外交が有効だと信じ込んでいたことである。

安政六（1859）年夏、恫喝に屈した幕府首脳は、横浜の外国商人に対して「ドルとイチブの同量交換」を認めてしまった（水野にしてみれば、あくまで一時的な措置であった）。この瞬間から、史上に残る横浜からの「コバング大流出」が始まったのである。

先に、当時の日本の金銀比価は一対五と述べたが、正確にはこの一対五というのは、あくまで金貨コバングと銀貨イチブの比価であって鉱物としての金銀比価ではない。しかし、横浜では金一グラム＝銀五グラムとなってしまった。

国際的な金銀比価は、凡《おおよ》そ一対十六である。即ち、金一グラム＝銀十六グラムである。そうすると、例えば次のようなことが起こる。

手元に銀五グラムを用意して横浜へ来ると、金一グラムと交換することができる。この金一グラムを上海へもち込むと、国際比価に従って銀十六グラムを得ることができる。この銀十六グラムをもって、再び横浜へ来ると金三グラムを買うことができる。この三グラムの金をもって、再度上海で売却すると四十八グラムの銀が手に入る。それをもってまたまた横浜へ……。つまり、横浜と上海を行ったり来たりするだけで、金も銀も際限なく増え続けるのである。横浜へ来た外国商人たちは、直ぐこのことに気づいた。これが、史上名高い「コバング大流出」の基本原理である。後述することになろうが、現実にハリスの要請を受けて横浜を出て、また戻ってきて、ということを行った、日本人もよく知っている幕末史上有名な艦船が存在する。

私のような拙劣な数学的頭脳しかもち合わせていない者にとっては、通貨の話はややこしい。その点、ハリスはさすがに商人！　巧妙に「コバング漁り」に参戦した。ハリスの年間支出は、安政四（１８５７）年時点で千五百ドルである。これは、本人の記録に明記されている。彼の雇った日本人家僕の月額給金が一両二分、中国人バトラーが月十五ドル、裁縫師、洗濯夫は月十四ドル、そして、例のお吉の月々の手当が十両、支度金は二十五両……これらをすべて含んで年間千五百ドルであった。ハリスの年俸は、前節で述べた通り五千ドルである。ということは、一年に三千五百ドルを残すことができる。ところが、これも本人が日記に書いているのだが、

「私は五千ドルの年俸でありながら、私の貯蓄として年額約六千ドルをニューヨークに送金することができる」（『大君の通貨』文藝春秋）

年俸を上回る額の金をどうして送金することができたのか。言うまでもなく「コバング漁り」によって得た利益があったからである。ハリスは私欲に動かされて同種同

量交換をゴリ押しした……そのように指弾されてもこの男には一切の言い訳が許されないはずである。

余談ながら、お吉の手当・月額十両というのは破格である。十両あれば、江戸の町人一家がごく普通の借家で一年は暮らせる。ハリスは女にはそういう金を支払ったのだが、それとて一ドル＝三イチブになることを前提とすれば、中国人家僕より安くなるのである。

先に、コバング流出の基本原理を簡潔に述べたが、現実には同種同量交換を認めさせ、手に入れたイチブ貨を公定レートでコバングに換えるだけで、ドルは簡単に三倍に膨れ上がるのである。このことに気づきながら、大君政府（幕府）に対して、外交官の義務である「国際的な金銀比価を知らせ、対策を講じる必要性を通告する」ということをハリスが行わなかったのは、何の苦労もなしに利ザヤが稼げる絶好の機会を逃したくなかったからに他ならない。そして、彼はその通りこの機会を逃さず、巨利を得たのである。

4　米英に立ちはだかった水野忠徳

前節で二朱銀に言及したが、幕府は横浜開港に伴って何故二朱銀を発行したか。それは、一分銀（＝四朱）の価値を元に戻して開港に伴う通貨交換に備えようとしたからに他ならない。

慢性的な財政難に陥っていた幕府は、たびたび貨幣を改鋳した。改鋳といっても、実態は一分銀の銀含有量をどんどん減らしていったのである。銀貨というものは、もともと重さを量って使う銀地金のような通貨であり、基準となる単位は重さである。

今や我が国固有の度量衡・尺貫法はすっかり忘れ去られてしまったが、匁《もんめ》・貫という重さの単位は、私の子供時代にはまだ生きていた。私の祖父は勿論、父母も「匁」や「貫」という単位を日常的に口にしていたし、学校では一貫＝3・75キログラムなどと尺貫法とメートル法の換算を教え込まれた。広さや量についても同様で、水田の「反」をアールに換算し、一升は1・8リットルなどと、私どもは余計な勉強を強いられたものである。日本人から伝統的な固有の単位を取り上げることも、占領軍の基本方針の一つであったのだ。子供はまだ頭が柔らかいから、一間＝1・8メートル、一坪＝3・3平方メートルなどと、歴史の年号を暗記するのと全く同じ要領で直ぐ覚えるのだが、祖父や父にしてみれば、「町」と「反」と「坪」の関係は分かってもアールやヘクタールとの関係が分からない。祖父が桶や籠を作る時に使っていた金尺は、メートルでは成り立っていなかったのである。私でさえ、一反と言われれば大体の広さは感覚的に分かるが、一アールと言われるとどの程度の広さか、頭の中で換算式を呟かないと直ぐには分からない。

そのことはともかく、江戸期の幣制ではもともと一両は銀六十匁であった。即ち、本位貨幣である小判一両は丁銀六十匁であったのだ。これが幕末になると、一両＝六十四匁に変動していた。一分銀について幕府（水野忠徳）が主張する「政府の刻印を打つことによって三倍の価値を与えていた」というのはその通りであって、銀貨である一分銀の量を維持する、或いは増やすために幕府は刻印を証拠として銀の量を減らしながらも以前と同じ価値で通用させてきたのである。幕末の天保一分銀とは、そういう銀貨である。即ち、一分銀は本位貨幣である小判の補助通貨に当たるとも言えるのだ。グレシャムの法則通り、悪貨は良貨を駆逐し、小判は屋敷の奥深くしまい込まれ、市中に出回っていたのは一分銀であったというのが実情である。

　幕府は、横浜開港に当たって本来の銀含有量をもつ二朱銀を用意した。二朱ということは、額面は一分の半分である。しかし、「安政二朱銀」と呼ばれるこの銀貨は一分銀の約1・34倍の銀含有量をもち、水野の主張する通り、「双方の通貨が実質その通りの価値を有していなければ通商に差し障る」との考えで、またハリスやオールコックの主張に屈すれば金貨の流出に繋がることが明白であったから、それを阻止する目的で鋳造されたものである。しかし、ハリスとオールコックは、これをペテンだ、ドルの価値を不当に引き下げるものだとして全く取り合わず、幕閣に対する恫喝を強めた。所詮、ハリスもオールコックも水野の主張する江戸日本の通貨体系というものが理解できなかったのである。

　時代劇などで「文《もん》」という単位の銭《ぜに》がよく登場する。銭形平次の投げるのも「銭」であり、その単位は「文」である。「銭《せん》」は、もともと一匁を表す重さの単位である。一銭は3・75グラムであり、中国の貨幣もこの重さを基準に造られていた。銅貨であるお馴染みの「寛永通宝」は、この基準で鋳造された貨幣である。ところが、田沼意次《おきつぐ》時代に鋳造された四文銭などがこの価値を落としていき、幕末のこの時期には一分＝1600文（銭）に落ち着いていた。

イギリスによるアヘン貿易によって銀の流出が続いていた中国では銀高銭安傾向が定着していたが、それでも一ドル＝１２００銭であった。もし、日本がハリスたちの恫喝に屈し、一ドル＝三イチブという誤ったレートを受け容れたら一ドルは４８００文という法外な銭安、即ち邦貨安に陥り、日本は交易によって本来の三倍の値段で外国産品を購入することになる。日本の産品の価値は三分の一に下落し、これを裏返せば日本は三倍の物価高騰に見舞われるのである。

銀貨とはもともと重さを量って使う銀地金のような通貨であり、基準となる単位は重さであることを前提とし、一ドル＝１２００文（銭）であることを理解させるために、水野はわざとハリス、オールコックに対して中国の銭相場の調査を要請した。そのことを通じて二人に日本の通貨体系というものを理解させようとしたのである。しかし、ハリスもオールコックもこれを無視した。この点については二人共、「バカほど勉強しない」という見本のような者たちであった。かくして、水野が金流出防止策として用意した二朱銀は、僅か三週間の寿命しかもち得なかったのである。

現代流に言えば、水野忠徳は官僚である。〝政治主導〟で外交交渉を行おうとすれば、老中間部詮勝《まなべあきかつ》、脇坂安宅《やすおり》が、初代駐日公使となったハリスに対峙しなければならない。しかし、老中とは大名である。通貨問題に関して交渉できるだけの知識・論理のもち合わせがない。外交交渉においては、国際慣例として交渉相手には同格の者を求めることができる。公使となったハリスは水野を避け、専《もっぱ》ら間部や脇坂を相手とした。ハリスもオールコックも、水野が苦手であった。それは、水野が何やら論理的であること、恫喝が効かないこと、簡単には引き下がらないことに因る。

水野には「屏風水野」の渾名《あだな》がある。屏風の陰から老中たちに回答、発言を助言したことから付けられたもので、水野抜きで幕閣はハリスやオールコックには全く対峙できなかったのだ。

その水野抜きの場で、老中間部が残したハリスに対する有名な発言がある。「我々はダイミョー（大名）と申し、金銭のことなど存ぜぬ」というもので、この発言は当時関係幕臣の間でも流行語のように話題となった。勿論、嘲笑と侮蔑を伴って広まったものである。

そもそもハリスと岩瀬忠震との間で合意されていた通貨の「同種同量交換」とは、期限付きの但書として盛り込まれたもので、期限は開港後一年に限り「日本人が外国通貨に慣れていない」ことを根拠としている。水野も外交団の心証を良くしておきたいとの配慮から「新二朱銀との両替交渉が整うまで」という条件付きで一ドル＝三イチブでの両替を認めた。ところがこれによって小判の買い漁りという異常事態が発生し、物価の高騰が始まった。水野にしてみれば、最大限の譲歩をして、外交交渉の決着に向けて誠意を以て対応した結果が、ハリスたちのこの仕打ちである。

この時と水野の罷免された後の外国商人たちの両替申請書類のサインには、「ナンセンス」「イズ イット ノット」(Is it not?) などと、日本側役人を小馬鹿にしたものが多数残されている。後に坂本龍馬が〝営業マン〟的な立場で関わりをもったグラバー商会などがその筆頭であり、グラバー商会はアヘン貿易を仕掛けて中国侵略の実質的な主役を務めたジャーディン・マセソン社の配下にある存在であって、常に東洋侵略の手先となったのである。

直ちに両替を停止しなければならない事態を迎え、水野は即断して両替を停止した。その論拠は、「日本人が外国通貨に慣れていない」という但書を逆手にとったもので、「もう外国通貨に慣れたから」一ドル＝三イチブでの両替を停止するというものであった。決して条約に違反していないのだ。恫喝を外交交渉の手段とする米英に対しては、外交官としては当然であろう。水野という幕臣は頭脳明晰な上に肝が据わっている点が、ハリスとオールコックにとっては目の上のたんこぶとも言うべき存在であった。ここまで米英人に嫌がられる優秀な官僚は、残念ながら平成日本ではお目にかかれないのではないか。

ハリスとオールコックは、何とか水野を排除したい。間部のようなボンクラ老中を相手にして、自在に要求を通したい。既にコバング漁りのうま味を知った。もっと、もっと甘い汁が吸えるはずだ。水野筑後守忠徳という外国奉行さえいなければ、事は都合よく運ぶ。

こういうタイミングに、ハリスとオールコックにとっては絶好の機会とも言うべき事件が発生した。

5　敗北　水野忠徳憤死

意味も分からぬまま「攘夷！」「攘夷！」と喚き、「天誅」と称するテロを繰り広げた薩摩、長州、土佐を中心とした不逞《ふてい》の輩《やから》は、何も京だけを舞台として残虐な殺戮を重ねたわけではない。江戸やその近辺にも進出してきた。横浜、江戸、そして鎌倉などで、直接外国人をターゲットとしたテロが何件も発生している。

ロシアの東シベリア総督ニコライ・ムラヴィヨフが七隻の艦船を引き連れ横浜へ来航したのは、安政六（１８５９）年のことである。後から三隻が合流し、四艦が江戸へ向かい、六艦が横浜に停泊していた頃、ちょうど一分銀の両替騒動が勃発した。当時の在日外国人の言う

現在の横浜湾岸

「ゴールドラッシュ」が始まったのである。この時、数名の士官と水兵が食糧などの買い出しのために上陸した。その帰路、何者かに襲撃され、士官一名と水兵一名が斬殺された。これが、幕末の外国人殺害事件の第一号である。この事件の犯人は、今なお特定されていない。

英国公使オールコックがこれに飛びついた。ハリスと共に、事件の責任は奉行にあると、間部詮勝らの幕閣を攻め立てた。犯人が分からぬのも初動捜査の誤りが原因であり、突き詰めれば奉行の怠慢であると、ターゲットを外国奉行水野忠徳に絞って攻め立てた。オールコックはムラヴィヨフをも抱き込み、外交団は水野の罷免《ひめん》を強く要求したのである。間部はいつの間にか、水野を罷免すればこのような外交団との摩擦も、自分がハリスから罵倒されることもなくなるとでも思ったようで、水野の罷免を断行した。

それだけではない。何と、愚かにもドルとイチブの同量交換を、一日につき横浜で一万個、長崎と箱館でそれぞれ六千個認めると通告してしまったのである。通貨のことなど何も分からぬ大老井伊直弼が水野罷免を主とする間部の献策を承認してしまったことも愚かであった。水野は軍艦奉行へ〝左遷〟され、通貨問題の当事者ではなくなった。オールコックとハリスにとっては、尊攘派テロリストによるロシア人殺害事件は、天敵水野忠徳排除の絶好のチャンスとなり、彼らはこれを見事に生かしたのである。いつの時代も教条的な暴力原理主義者ほど国益を損なう存在はない。それは無知な愚者と蔑《さげす》むだけで事足りる問題ではなく、紛れもない「売国奴」と言っていいだろう。

実は、ドルと一分銀の両替は水野左遷の一週間ほど前に始まっており、老中間部は水野に洩れぬよう秘かに事を運んだことになる。ここから、いよいよ本格的なゴールドラッシュ＝小判流出が始まったのである。ここにもいつの世にも通じる〝真理〟が露骨に存在する。「政治主導」と言えば聞こえはいいが、それが民の、市民の幸せに通じるには、政治家に知識、見識、それに基づく私を捨てた信念が備わっていることが大前提であるということだ。

イチブを手に入れれば大儲けができる――欧米人を主とした外国人は目の色を変えてイチブを手に入れようとした。横浜では一日一万個とされていたが、凄まじい両替要求に押されて最初から一日当たり、一万二千～一万六千個というレベルで両替が行われたのである。両替所の役人にしてみれば、両替させられたと言った方が当たっているような、それは血に飢えた狼を相手にするような役務であった。この時彼らは、既述したように申請書にはデタラメな名前（言葉）をサインし、申請額も二百万ドル、三百万ドルといった巨額は当たり前で、中には「セクスティリオン」という単位（10の21乗）で申請する者まで出る始末であった。当時のヨーロッパ人、アメリカ人の下劣さを思うべし、である。

多量のイチブが外国人の手に渡ると、今度は小判の値が急速に上がっていった。公定レートは一両＝四分である。これが、六イチブで取引されるようになり、八イチブまで上昇した。そうすると、江戸市中に眠っていた小判までもが横浜へ流れ始めたのである。

当然であろう。本来四イチブの小判が八イチブで売れるとなれば、利益率は１００パーセントである。さすがに一両＝八イチブとか九イチブになると、外国人にしてみればまだまだ利益は出るが、ボロ儲けというレベルではなくなる。何せ、彼らの神経は既に麻痺している。40〜50パーセント程度の利益率では魅力を感じなくなっていた。そうすると彼らは、絹、海産物などを買い漁り始めたのである。そして、中国沿岸で売りさばけると思った物を手当たり次第に買い漁った。つまり、間部が認めてしまった一ドル＝三イチブのお陰で、外国人は日本産品を不当に安く買うことができ、これらを中国沿岸や香港あたりで売りさばけば小判で得られる利益を上回る暴利が得られたのである。このことは、薩長を支援していたグラバー商会の親会社であり、侵略商社として名高いジャーディン・マセソン社の記録に残されている。かくして日本国内ではけたたましい物価上昇が始まり、幕末日本に記録的なインフレーションが始まったのである。

こういう狂想曲に迎えられるように横浜へ来航したのが、アメリカ東インド艦隊の旗艦ポーハタン号であった。新見豊前守正興を正使とする幕府の条約批准使節を乗せて太平洋を渡った、あのポーハタン号である。この時、目付として小栗上野介忠順が同行したことはあまりにも有名である。またこの艦は、ペリーの二回目の来航の時に一度江戸へ来航している。提督は、ジョシア・タットノール。横浜へ来航したのは、本国へ帰る途中にまさにその批准使節を乗艦させるためであった。

ところが、この艦は直ぐに横浜を出港し、上海へ行って石炭を積み、再び横浜へ戻って、更にまた後任者との交代手続きのためと称して香港へ出港した（アメリカ東インド艦隊提督の任期は二年）。使節団七十七名を乗せて太平洋へ乗り出したのは、その後である。短期間に何故このような〝複雑な〟行動をとったのか。

実は、横浜へ来航した時、ポーハタン号はあまりドルをもっていなかった。そこで、直ぐ上海へ出かけてドルを手当てし、横浜へ戻ってコバングを買い漁った。そのコバングを売りさばくために香港へ出向いたのである。同艦が上海で手当てしたドルは、四十五万ドル（メキシコドル）と言われ、幕府が同艦に認めた両替額は外国商人に公式に認めている額の十五日分＝十五万イチブであったとされている。これには、当然ハリスの口添えがあったはずである。幕府にしてみれば、使節団をアメリカへ連れていってもらうお礼であったのかも知れない。

そもそも当時アメリカ船に限らず、外国船が石炭を補給するのは長崎である。上海で石炭を補給することは、まずあり得ない。ロシア艦も長崎で石炭を補給している。理由は簡単で、長崎では艦船の恫喝を受け、艦船に対してのみ一ドル＝三イチブの両替を以前から行っており、長崎での石炭価格は一トンあたり五ドルと、上海の三分の一であったからである。このことは、日本の外国人社会ではよく知られており、ポーハタン号のタットノールが「上海で石炭を積み込む」と言った時、誰もが首をひねったのは当然である。四十五万ドルのメキシコドルを積んで帰ってきて、皆、納得したというわけで、一連の経緯はすべて横浜を中心とした外国人社会へ漏洩している。

また、当時のヨーロッパやアメリカと東アジアとの間の航路は、喜望峰回りが普通である。蒸気船は石炭を補給しなければならない。補給地は、ケープタウンを出ると、モーリシャス、ガル、シンガポール、香港となるが、いずれも大英帝国の植民地であって補給に困難はない。もし、太平洋を横断するとなるとどうなるか。南米最南端のホーン岬を回ることになるのだ。そうなると、ブエノスアイレスを出ると、ホノルルしか補給地はない。つまり、かなりの困難とそれに備えた覚悟を要することなのだ。

蒸気艦船で太平洋ルートを採った例は、これ以前にはなかったはずである。ペリーも、当然喜望峰回りで来航している。しかし、この時のポーハタン号は「後任者と交代手続きをとるため」既に香港へ出かけている。日本の使節団を乗せて、再び香港へという航路では、疑惑をもたれる。つまり喜望峰回りの通常コースは採れないのだ。一枚かんでいる公使のハリスが用意した答えは、日本の使節が太平洋横断コースを強く希望しているというものであった。

このポーハタン号のコバング買い漁りには、座礁して横浜にいたアメリカ測量船クーパー号の副官ソルバーンも一枚かんでおり、ハリスやポーハタン号のコバング買い漁りそのものは、上海で発行されていた『ノース・チャイナ・ヘラルド』紙が掴んでいただけでなく、アメリカ国務省も把握していた。つまり、アメリカ領事ハリスを中心とした一連の外交に名を借りた下劣な錬金行為は、何も「〇〇秘史」とか「幕末〇〇の謎」などと題してスキャンダラスに書き立てるような「隠された史実」でも何でもないのである。

官民挙げてのコバング漁りを繰り広げつつ、ハリスとオールコックは幕府にとって致命的な行為に出た。というより、水野を左遷して幕府のタガが外れたとでも言った方が当たっているだろう。

恫喝に疲れ果てた幕府は、ハリスとオールコックの金価格引き上げ勧告を受け容れてしまったのである。オールコックなどは、金価格の引き上げ勧告に日本政府（幕府）が早く従っていればコバング流出は起きなかったと主張していたようだが、幕府側＝水野は初期の段階から本位貨幣である金貨の価格を引き上げれば、その分だけの物価上昇をもたらすとして頑として受けつけなかった。どちらが正解かは、改めて述べるまでもない。モノの値段が来る日も来る日も上昇を続ける時、商人は商品価格に転嫁するという手段をもっている。それをもたない市中の民と支配階級としての武家はどうして生き延びるのか。物価上昇のメカニズムなど、一般の武家も民も分からない。民の怒りは、貿易・開港を許した幕府と外国人に向けられる。

佐藤雅美氏によれば、幕府は天保一分銀などの代用通貨を発行することによって、文政元（１８１８）年から安政四（１８５７）年までの四十年間に平均すると年間約四十五万両の益金を得ていたという。寛政三（１７９１）年から安政三（１８５６）年までの幕府の平均歳入額は百十九万両弱であったというから、歳入の約38パーセントを占めていた益金を、ハリス、オールコックの恫喝外交に屈することで一挙に失ったのである。長州征伐の頃には幕府は既にフラフラの状態であり、北海道を担保にフランスから借金をしようとしたほど財政に苦しみ、そこへけたたましいインフレの根みを一身に買うことになった。放っておいても崩壊はみえていたと言ってもいい。ハリスとオールコックが幕府を倒した、というのはこういうことである。

批准使節は、当初岩瀬忠震が正使としてワシントンへ出向くことになっていたが、岩瀬は作事《さくじ》奉行に追われた。その原因を作ったのは松平春嶽であると言われるが、正確なところは分からない。代わって、水野が赴くことになっていた。ところが、オールコックらの猛烈な妨害があり、外国奉行から引きずり降ろされて成らなかった。

それ以前に、両港両都開港開市延期交渉でヨーロッパに使節団を派遣する際も、オールコックらは「副使水野筑後守忠徳」に強硬に反対し、水野は使節団から外されている。ただ、水野は遣欧使節団に訓令をもたせた。その訓令で、新二朱銀を新たに発行し、流通させたいと提起している。金価格が引き上げられた後のことで、ここで新たに新二朱銀を蘇らせたとしてももはや意味はない。しかし、この提起によって英本国政府が何かを察知するかも知れない。本国政府に、考えることによって理解させたかったのであろう。日本の通貨体系と共に、何が起きているのか、何故そうなったかということを理解させたかったに違いないのだ。それは、ハリス、オールコックに中国の銭相場の調査を要請したのと同じ手法である。事実、この訓令があってこそ、大蔵省顧問アーバスナットは、自国の駐日公使オールコック、アメリカ公使ハリスの非と幕府の主張の正当性を理解したのである。

アーバスナットが問題にしたのは、通貨の同種同量交換という日本側に認めさせた条項はあらゆる国際間の原則に違反するものであること、日本における通貨の混乱は、日本側の意向を無視したハリスやオールコックを主とする外交団のゴリ押しに原因があることなどであるが、もっとも大きな問題としたのは、訓令に違反して幕府を恫喝し、通貨に関する幕府の主張に一切耳を貸そうとしなかった点である。水野のもたせた訓令の存在によってアーバスナットが理解するに至ったとしても、もう遅い。事態は回復しないのだ。しかし、この「理解」は、水野筑後守忠徳の国益を思う執念と愚かな尊攘派勢力及び無力な幕閣に対する怨念の為させたものではなかったか。

敬虔なプロテスタントが建国したことを誇るアメリカという新興国家の公使ハリスは、アメリカ人自身がもっとも蔑む、恥ずべき行為を極東の島国で繰り広げ、国務省もこれを承知していた。横浜在留のアメリカ人からはハリス解任の請願書まで提出されていた。しかし、南北戦争のゴタゴタで、その処分はうやむやになった。経済評論家神崎倫一《こうざきりんいち》氏は、ハリスを「確信主犯」、オールコックを「事後従犯」とする。これが、我が国学校教育が今も麗しく教えるハリスとオールコックの正体である。

水野筑後守忠徳。小栗上野介忠順と並び、薩長尊攘激派がもっとも恐れた俊傑は、たかだか五百石の旗本であった。京王線調布の手前に布田《ふだ》という地がある。律令時代にまで遡るほど古く、由緒あるこの土地は、甲州街道沿いの布田五宿の一つとして知られている。イギリスに支援された薩長反乱軍に対する徹底抗戦も徳川慶喜に受け容れられず、この地に隠遁した水野は、慶応四（1868）年、五十八歳で病死した。病死と斬殺の違いはあれ、小栗と共に水野の死もまた、憤死と言うべきであろう。

第五章　官と賊　百五十年の禍根

1　正義の基準としての「官」と「賊」

老中首座阿部正弘の決断によって、江戸幕府は歴史的な対外政策の大転換を行い、対外協調路線に踏み切った。更に、大老井伊直弼は、徳川政権に委ねられていた「大政委任」という政治的なスジを通して、阿部の決断を政治の現実として確立させた。その間、阿部の残した優秀な徳川官僚たちが、帝国主義を掲げる欧米列強と激しく渡り合って、近代日本の礎を必死に構築しつつあったのである。

この足を引っ張ったのが、「復古！」「復古！」と喚いて、「尊皇攘夷」というスローガンだけで徳川政権から積年の悲願として政権奪取を図った、いわゆる勤皇勢力、尊皇攘夷派、即ち、薩摩・長州勢力である。彼らにとっては幕府から政権を奪取すること自体が積年の悲願であった。

その尊皇攘夷派にとって、政権を奪取する上でもっとも邪魔になったのが孝明天皇の存在である。孝明天皇は、もともと〝夷人嫌い〟で知られる。同時に、頑迷なまでの大政委任論者であり、何よりも「復古」が嫌いであった。「復古」を喚く勢力が大嫌いであったとも言える。このような事実から、孝明天皇の暗殺説が生まれ、これをまことしやかに詳述する書籍が数多く世に出ている。孝明天皇暗殺説の真偽については、ここでは著しく本旨から外れるので、一切触れないことにする。

ただ、幕末動乱の歴史を正しく知る上で決定的に重要なことは、「鳥羽伏見の戦い」直前、即ち、「大政奉還」から「王政復古の大号令」という軍事クーデターに至る過程の京都政局と尊皇攘夷派の天皇利用という事実である。この点については、これまで永年に亘って公教育で教えてきた歴史は歪曲されたこと甚だしいところがあった。最後の将軍徳川慶喜に「大政奉還」という手を打たれ、政治的にも軍事的にも、岩倉具視《ともみ》、大久保利通、西郷隆盛たちは押しに押されて、失地挽回に向けて悲愴な状況にあったというのが史実である。

ところが、現在に至るまでの官軍教育では、薩摩・長州が「鳥羽伏見の戦い」に勝利した時から遡って幕末動乱の歴史を叙述するという、いってみれば予定調和的な語り口で歴史を教え込んできたのである。「鳥羽伏見の戦い」に薩摩・長州軍が勝利したことも殆ど「敵失」によるものであるが、この軍事衝突に至るまでの京都政局のさまざまな動きは、最終的に天皇の政争利用というタブーに行き着くため、表の歴史となることはなく、今日まで伏せられてきたのである。何故伏せられてきたのか。勿論、成立した薩摩・長州政権にとって「都合が悪い」からである。歴史から何がしかを学ぼうとするなら、一方のサイドにとって「都合が悪い」ことは、白日の下に晒《さら》した方がいい。伏せたままにしておくと再び間違いを犯すことは、これもまた多くの歴史が教えてくれている。現実に、薩長政権は、たかだか数十年を経て国家を滅ぼすという大罪を犯してしまった。

ここで「再び間違いを犯す」云々という言い方について、前著に対して読者の方々からさまざまな形で寄せられた反響や反撥について触れておきたい。

この国の戦後社会と言われるこの七十余年、「再び間違いを犯す」という表現は左翼とか左寄りなどと言われる人びとによって用いられることが多かった。確かに、我が国の戦後社会は「二度と過ちを繰り返しません」という大東亜戦争に対する反省の合言葉から始まった。直接的には、広島・長崎へのアメリカによる原爆投下について、それを惹き起こした我が国の対米英戦争への反省の言葉として使われ、それが「反戦の象徴」のような言葉となって慣用化したものである。非戦闘員である一般市民をターゲットとして原爆を投下するという人類史に記憶すべき犯罪行為を行ったのはアメリカ合衆国であるが、そのことに言及する日本人はまずいなかった。昭和二十年〜四十年代にかけて、我が国の野党各党は選挙の度に、それが国政選挙であれ、地方選挙であれ、口を極めて「反戦」を喚き、一部の政党は今なお当時と全く同じ言語で与党を攻め立てている。このような状況が続いて、「過ちを繰り返す」という表現が「軍国主義」と結びつき、この種の表現が左翼、左寄りであることを示す象徴的な表現と受けとられるようになったと考えられる。

そこで、前著でこれを論じた私は、一部の読者から「反日主義者」「左翼」という「烙印」を押され、激しい反撥を受けることになった次第である。「左翼」という烙印は、私にとっては生まれて初めての経験であり、目を丸くする思いであった。前著をどのように読めば私が「反日主義者」になるのか、今もって理解に苦しむ。

振り返れば、それは昭和四十三（1968）年、「明治維新百年」が多少の話題になった、後にノーベル平和賞を受賞する佐藤栄作氏の第二次内閣時代の頃、私が大学四年の時のことである。

その年、七十年安保をめぐって世情は騒然としていた。全共闘や民青（日本共産党の下部組織）を中心とする極左勢力によって、ピーク時に全国で約八十校にのぼる大学が封鎖されていたのである。当時の学生は、90パーセント以上が暴力的に大学を封鎖していた全共闘や民青のシンパであった。当時の社会全体が、平成の今より濃厚に

"左翼がかっていた"と言っていい。数少ない反全共闘、反民青の一人であった私は、彼らと議論に及んだ際に「右翼反動軍国主義者」というレッテルを貼られてしまったのである。

もともと「右翼」だ、「左翼」だなどということにさほどの意味を認めていなかった私ではあったが、全共闘、民青から「右翼」のレッテルを貼られ、その後も私自身の思想傾向が変わったという自覚がなかったところから、世間の基準で言えば自分は「右翼」或いは「保守」になるのであろうと漠然と受けとめていただけのことであったが、時を経て半世紀近く経った今、今度は右寄りの方から「左翼」「反日主義者」のレッテルを貼られたという次第である。誠に奇妙としか言い様《よう》がない。勿論、それはごく一部の反応であったことは言うまでもない。

さて、約八十校が封鎖されていた七十年安保騒乱の最中、自分の大学も全共闘勢力に封鎖されている中で「右翼反動軍国主義者」のレッテルを貼られた私はどうしたか。若さ故の血気としか言い様がないが、直径だけは電柱ほどもあろうかという太くて、長さが五メートル近くはあったと記憶する丸太棒を仲間と抱え、塩酸瓶、硫酸瓶が中から飛んでくる、彼らの築いたバリケードを目がけて突撃を図ったのである。近くで硫酸瓶が破裂し、シュ～ッという音と共に煙が上がる。その時鼻をついた異様な臭気は、今でも思い出すことができる。それは、恐怖の突入作戦であった。

結果だけ言えば、我々「右翼反動軍国主義者」は敵のバリケードを破壊し、大学封鎖を解除することに成功した。この徹夜の攻防戦、封鎖解除を、その日の全国紙夕刊が社会面で大きく報じた。何故なら、それが全国八十大学で初めての「学生自身による自主解除」であったからだ。当時は、メディアまでもが大学キャンパスをまるで治外法権の適用される聖域のように扱い、機動隊という公権力に頼ることを悪とするような雰囲気が醸成されていたのである。たとえ負傷者が出ようとも、早々簡単には機動隊の力を借りることなどできなかったのだ。既に暴力によって学内が支配されているにも拘らず、「大学の自治」「学問の自由」などと言って、警察力をはじめとする一切の公的な力の介入を、メディアも世間も認めなかったのである。

実に稚拙な論理であったが、遡ればこの国のメディアはいわゆる明治維新以降、常に社会をミスリードしてきたと言っても過言ではない。日露戦争講和条約に

東大安田講堂事件 1969年1月18日
©Kaku Kurita/amanaimages

反対する日比谷焼き打ち事件以降、大東亜戦争に突入するまでにメディアが如何に戦争を煽《あお》ったか、このことも永い時間軸の上に一度晒して振り返る必要がある。

ここで述べたいことは、評価の基準、ひいては正義の基準ということである。

幕末動乱のあの時、何を以て正義としたか。それは、歴史を未来構築のための教材にしようとしている今、正しい、或いは妥当な基準の置き方であったのかどうか、このことも再検討すべきであろう。

幕末動乱時の正義の基準は、朝廷即ち天皇の意に沿っているか否かであった。つまり、「尊皇」であるかどうかであったのだ。

前著において、御所の塀が低いことに触れた。天皇のおわす御所は、現代感覚からすれば、或いはもともと狩猟民族であるヨーロッパ諸民族の感覚からすれば異常に無防備な造りであると言える。この無防備さが、秋津島と美称されるこの平和な島国における天皇の存在の実態をよく表している。天皇権力が確立したと認められる中世前期以降、天皇に危害を加えようという発想をもつ者などいなかったのである。このような天皇の、民族における位置というものに歳月が重なり、現代語で言えば天皇は「民族統合の象徴」として確立したのである。私が、今の憲法が天皇の地位に言及していることを「笑止千万」と言うのは、この国の庶民が、アメリカなどという新興国家の占領軍に言われるまでもなく何百年という単位で天皇に寄り添って生きてきたという歴史の蓄積が厳然と存在するからである。

まるで錦旗《きんき》の偽物を作るかのようにささっと憲法を速成した占領軍民政局のことは今は措《お》くとして、このような天皇の位置は江戸期には陽は東から昇るという真理のように確立していた。

江戸中期以降、永きに亘った平和の成果として諸学が隆盛し、それは儒学及びその派生とみられるジャンルのみならず、浮世絵に代表される芸術ジャンルから世界最高水準とされる和算のような理数ジャンルにまで及び、江戸期日本は世界的にみても高度な文化国家として円熟していたのである。

ここに一人、鬼っ子のような「水戸学」が登場する。これについても前著で述べたので重複を避けるが、これは十二～十三世紀に中国で興った宋学を十八世紀にもなって無理矢理我が国の政治体制に押し込めるように当てはめただけの代物《しろもの》であった。具体的に言えば、宋学にいう「尊王斥覇」の王に天皇を当てはめ、幕府を覇王と位置づけたのである。北方の夷狄に苦しめられ続けた宋という王朝の政治環境、対外環境を無視し、まるで言葉遊びのように「尊王斥覇」という言葉と考え方をもち込み、流布させたのである。

簡略に述べれば、これによってこれまで政治的には平穏な存在であった天皇が、俄《にわ》かに政治的色彩を帯びることになった。特に、長州の吉田松陰に代表される若者が水戸学にかぶれて過激な主張をアジテートするに至り、「尊皇テロリスト」とも呼ぶべき暴徒が京に溢れたのである。「尊皇」という考え方そのものは、この時代、既に読書階級である武家には穏やかに根づいていたのだが、長州過激派を核とした一派が政治的野心から出てきた攘夷という言葉とセットにして「尊皇攘夷」を下層階層に向けて単調なリズムで喚くことによって、大きな政治的な流れが生まれたのである。

「尊皇」という言葉は、「勤皇の志士」などと言うように、かつては「勤皇」と表現することが多かったが、「尊皇」も「勤皇」も正義の基準というものを考えるについては同義であったと言って差支えはない。

幕末動乱時においては「尊皇」「勤皇」こそが正義であり、「尊皇」に非ざる者は、今でいえば「反日主義者」、戦前の表現なら「国賊」である。「尊皇」派は天皇を、即ち朝廷を守護する立場であるから「官」となる。「官」にはもともと「大勢の人」とか「おおやけ」という意味がある。そこで、今風の論理に置き換えれば、「尊皇」という立場、考え方は多数が支持する、或いは支持すべき社会正義であって、従ってそれは「官」であるというような理屈になるのであろう。

一方、「尊皇」即ち「官」に非ざる者は「賊」である。「賊」は、天皇＝朝廷に反逆する者、国家に反逆する者であるから「悪」となる。このようにして、幕末動乱時に日本人は、天皇を軸にして観念の領域で「官」と「賊」に分けられて血を流すという過ちを犯したのである。

2　竹内式部の尊皇原理主義

この国で勤皇なり尊皇という考え方や立場が正義でなかった時代は殆どない。これを、素直に天皇、皇室を敬う立場だとすれば私だけでなく、共産主義者を除く殆どの日本人が勤皇家であり、尊皇家であると言えよう。

江戸幕府は、朱子学を以て官学とした。朱子学とは何ぞやとなると、これを思想学的に正確に説明することは私の手に余るが、南宋時代に構築された儒教の一体系であることははっきりしている。日本へは同時代に入宋《につそう》した真言宗の僧によってもたらされたとするのが定説であるが、普及したのは鎌倉期であり、五山の学僧がその担い手であった。

江戸期に武家の基本理念に通じるものとして朱子学を支えたのが林羅山《らざん》であるが、五代将軍綱吉の頃がそのピークであったとされる。この学問は、核心となる教義が実践倫理であり、非常に倫理性が強い。ただ、学問も時代と共に変質していく部分があり、朱子学は、本家中国でも清代になると、壮大な世界観をもつ理念性より社会的な秩序構築や維持を意識した「礼学」としての部分が強調された。我が国の江戸期においても同様であって、多くの学者や作家が朱子学をして現状維持を目的とした学門であると言い切るのも、この点を指しているものだと考えられる。

八代将軍吉宗という人は理念性より具象性、実理性を好んだ人で、学問的には実学を重んじたと言われる。確かに、この頃になると朱子学はそれまでの勢いを失っており、その反動が松平定信による「寛政異学の禁」と呼ばれる学問統制に繋がることになる。

朱子学の盛衰もさることながら、ここで大事なことは、朱子学が勢いを失った時期に「古学」が流行《はや》り出したことである。この「古学」が、勤皇という意識を思想・学問として普及させた源泉である。

学問体系を詳述することが本書の目的ではないのでここでは「古学」と一括《ひとくく》りにするが、この名称は、山鹿素行《やまがそこう》の「聖学」、荻生徂徠《おぎゅうそらい》の「古文辞学」、伊藤仁斎の「古義学」の総称として使われることが多い。いずれも、儒教の一派ではあるが朱子学を否定するという点で共通している。

これらは、上方《かみがた》の僧侶や神官が主な担い手となった。僧侶や神官という人種は、思考回路が絶対主義的であると言える。そのように訓練されていると言った方が当たっているかも知れない。従って、彼らの言説には迫力があるのだ。坊主や牧師の説法というものに迫力がなかったら、それを聞く方も心もとなくなるであろう。その意味で、僧侶や神官の存在が「古学」の普及に益したと言えるのではないか。

ところで、日本史の時代区分には「近世」という区分がある。西洋史は古代―中世―近代という流れで説明できても、日本史はそうはいかないのだ。中世―近世―近代という流れでみないと解釈が難しいのである。近年、西洋史、世界史の時代区分にも「近世」を設定すべきだという主張が盛んになってきている。何故なら、人類の文明史という観点で私たち人類の足どりを辿《たど》ってみると、今進行しているパラダイム・シフトという文明史の巨大な流れに乗って世界が「近世」に向かっているとしか考えられないからである。つまり、海外の多くの歴史家や社会学者が、日本の「近世」という時代の特質を理解しないと、人類の未来が描けないと考えるようになってきたのだ。

そのことは今は措くとして、この近世という時代が、乱暴に言い切れば江戸期に当たる。江戸期の社会経済システムの基盤は封建制である。封建制の社会では、基本的に古いものが権威をもつ。そして、政権というものは、本質的に現実主義である。封建制であったはずの江戸期も中頃に差しかかると、めざましい技術進歩もあって生産量は飛躍的に拡大し、もはや現状維持の桎梏《しっこく》から逃れたいと考える層が増え始める。この社会層が、徳川将軍家より遥かに古い権威である天皇をもち出して現状に対するアンチテーゼとして描いた復古社会の実現を説く「古学」に惹かれていったということだ。ただ、僧侶や神官が主たる担い手であったその初期に、この思想が学問と呼べる域に達していたかどうかは極めて疑問である。

これに多少なりとも学問的性格を付与したのが、山崎闇斎《あんさい》であるとされる。もともと鍼《はり》医者の子であったが、叡山や妙心寺で修業し、還俗《げんぞく》して土佐藩に仕えた時期もあるようだ。会津藩藩祖保科正之《ほしなまさゆき》に招聘《しょうへい》されたことでも知られている。その思想は、徹底した大義名分論で、君臣の関係を殊更重視し、神仏習合を排除した。即ち、神道の色彩が濃厚であり、闇斎の説く神道を「垂加神道《すいかしんとう》」と言う。一般には「垂加流」と呼ばれ、公卿の世界にも大きな影響を与えたのだが、天皇の血の神性を強調する「神人合一」思想の元祖のような存在で、後のテロリズムや対外膨張主義が証明した通り、尊皇原理主義の始祖と言っていいだろう。つまり、「元和偃武《げんなえんぶ》」という徹底した平和主義を時代のコンセプトとした江戸幕府にとって極めて危険な思想であったのだ。

その後、山崎闇斎の弟子である浅見絅斎《けいさい》をはじめ、若林強斎、栗山潜鋒、竹内式部、山県大弐《だいに》といった人びとが登場し、勤皇思想は次第に狂信的な尊皇原理主義の色彩を帯びていった。中でももっとも公卿の信奉を集めたのが竹内式部だとされるが、それは式部の説く思想があまりにも強烈で、口を挟むこともできないほどの絶対的な天皇至上主義であったからであろう。なにせ、万物は皆、人間だけでなく鳥獣草木に至るまですべて、天皇のお陰で存在しているのであって、従って天皇を敬い、二心《ふたごころ》なく奉公すべきである、故に天皇に背く者がいれば親兄弟であってもこれを殺すのが我が国の大義であると強調するのだから、公卿とすればそれ以上言うべき言葉もないということになる。幕末の尊皇原理主義者＝尊皇テロリストが拠《よ》りどころとしたのはこういう思想を易しく語り直したような水戸学であり、それはそのまま大東亜戦争遂行のための全体主義を支えた天皇絶対主義と全く同じものである。

先に触れたが、「一億総白痴化」「駅弁大学」「恐妻」などの流行語を残した稀代の社会評論家大宅壮一氏は『実録・天皇記』を、形だけは独立した今の日本が生まれた昭和二十七（1952）年という時期に著したが、それは実に生々しく天皇制や皇室の歴史を詳述している。平成という現代でも、目次を見るだけで「不敬」に当たらないかと驚くほど、自由奔放な表現をしているのだ。後世からみれば、平成の今の方がむしろ言論統制の強い時代かと誰もが錯覚するだろう。

右に触れた式部の思想について、氏は同書の中で以下のように述べている。

――式部という男は、驚くべき天才的アジテーターである。こうまでいわれれば、これまでわずかな捨て扶持をもらってのらりくらりと暮らしてきた公卿たちも、奮起せざるをえまい。その後天皇株が有史以来の高値を呼んだ明治以降においても、かくまで最大限に天皇をもちあげたものは少ない。（中略）まず天皇を最大限にもちあげた後で、この至上至尊者に代々奉仕することによって生活してきたものの幸運、幸福、特権を悟らせ、その選良意識をよびおこし、最後にこの皇室が現在陥っている悲惨な状態を訴え、その原因と敵の何たるかを教えて、これを回復することはお前たちの責任であり、義務である、しかもその勝利は決定的であり、お前たちには輝かしい前途が待ちうけている、未来はお前たちのものだ、ということになるのだから、よほど無気力なものか、現実に溺れているものでない限り、心を動かすのは当然である。

ところで、（式部の文章において）〝大君《おおぎみ》〟の代わりに、〝マルクス〟〝レーニン〟〝スターリン〟を入れてみてはどうか。時代は移り変わっても、人間を動かし、決起させる方式とかコツとかいうものは、そう変わるものでないことがわかる。――

このようにして、狂信的な尊皇原理主義者が各地にも溢れ出し、大宅氏の表現を借りれば「勤皇ラッシュ」というようなムーブメントが京都に押し寄せることになったのである。

なお、一部に陽明学を朱子学に対抗するものと理解している人がいるが、これは明白な誤りであって、陽明学は朱子学から派生したものである。また、「知行合一《ちこうごういつ》」という考え方を吉田松陰の思想として熱く語る人がいるが、これも誤りであってそれは松陰の言葉ではなく陽明学の初歩的な言葉である。勤皇思想の系譜に触れたので、蛇足ながら付言しておきたい。

3　「勤皇志士」という名のテロリスト

尊皇対佐幕、攘夷派対開国派というように単純な二極対立の図式で語られ、守旧派の佐幕派を尊皇攘夷派が打ち破ることによって日本に開明的な新時代をもたらしたと刷り込んできたこれまでの幕末史が、如何に史実とかけ離れ、時に歴史を冒瀆するものであるかは、ようやく理解されつつあると感じている。かつての中国人は、「歴史の評価は百年を経ないと定まらない」ということを言った。中華民国（歴史上の中国の流れに存在する本来の中国＝現在の台湾）の蔣介石がそうであった。中国人の考え方というものは、元来そういう悠遠さをもっている。

翻って、我が国の、特に敗戦後の日本人の思考とは実に短絡的、近視眼的に見受けられ、歴史を考える上でも長い時間軸を引くということができず、幕末動乱の実相も長い時間軸の上に乗せて検証されるということがなかった。ところが、幕府崩壊から百五十年経って、ようやく薩長史観とも言うべき「明治維新絶対主義」に対する見直しの気運が高まっている。これは、恐らく世界的なパラダイム・シフトの影響を受けているといいだろう。

ところが、現政権は「明治百五十年」キャンペーンに躍起となっており、「明治維新至上主義」に凝り固まるその頑迷な姿勢は「昭和維新」運動を彷彿とさせ、危険極まりない匂いを発しているはずであるが、確固とした歴史認識をもっていないせいか、どこか滑稽《こっけい》にさえ映る。

百五十年という時間は、私の感覚では「たかだか」であり、長い時間軸と表現するほどのことでもない。私の母方の曽祖父は、幕末動乱時に京へ出てきた。それが藩命によるものか、脱藩して出てきたのかを母から聞きとることを怠っている間に母が他界したことは、今もって悔やまれる。また、司馬遼太郎氏は、新撰組屯所八木邸近くの寺の境内で、幼い頃よく沖田総司に遊んでもらったという老女を取材している。新撰組といえば、永倉新八が死去した年に、私の父は生まれた。このように身近な事柄を一つの物差しとして使えば、百五十年という時間が如何に短いかということが実感できる。即ち、「たかだか百五十年」なのである。

この、たかだか百五十年前の薩摩・長州による軍事クーデターを「明治維新」と呼ぶならば、「明治維新」という過ちを犯したことがその後の国家運営を誤り、今日に至るもなお国家としての課題を解決する方向観すら見出せずに、国際的な対応においては常に占領国アメリカを基準とするだけで、自立した民族国家になり得ないままでいるという結果をもたらしたように見受けられる。

阿部正弘、堀田正睦、井伊直弼政権が敢然と対外協調路線に踏み切り、川路聖謨、水野忠徳、岩瀬忠震、井上清直、小栗忠順といった英傑と言ってもいい優秀な徳川幕臣テクノクラートが、その知力と人間力というものを武器に欧米列強と正面から渡り合い、時の孝明天皇が夷人嫌いでありながらも、幕府に対する「大政委任」という政治上の大原則を一貫して崩さず、薩長を中心とした尊攘激派、いわゆるテロリストが喚く「復古主義」を忌み嫌ったことが、この国が二元政治状況に陥ることを辛うじて防ぎ、それによって、幕末日本は欧米列強の侵略を防いだとみることができるのだ。

幕府が対外協調路線に踏み切ってからは、尊攘激派のテロリズムは益々激しくなった。安政七（1860）年三月三日、江戸城内桜田門外において、大老井伊直弼が水戸・薩摩のテロリストに殺害された。問答無用の「天誅」と称するテロリズムが、ここから文久年間にかけて燃え盛ることになる。

司馬遼太郎氏は、「暗殺は嫌いだ」と言いつつ、「桜田門外ノ変だけは、歴史を躍進させた、という点で世界史的にも珍しい例外だ」として、このテロを高く評価する。

また、一般にも時代の変革期に暴力はつきものであるという主張が結構見受けられ、テロリズムを是認する考え方は根強く生きている。

しかしながら司馬氏の見解は全く「論」になっておらず、「暴論」の域にも達していない。「歴史を躍進させた」とは、一体どういう意味か。特定のカルト集団にでも属さない限り、このような意味不明の歴史認識はもち得ないはずである。この見解を書いた時だけ、瞬間的に司馬氏は何らかの原因で錯乱していた、同学の後輩としてはそう思いたい。俗にいう安政の大獄で井伊が尊攘派を弾圧するからだ、といった類の反論が常にはね返ってくるが、それは、例えば吉田松陰のように平気で暗殺を主張し、実行しようとするからであって、倫理秩序を重視する徳川幕府政権としては、それこそやむを得ない対応でもあったのだ。

また、このテロ事件については、私が彦根育ちだから反撥しているだけだというような言われ方をされてきたが、それこそナンセンスの極みである。確かに、私は彦根城下を望む里山で幼少期

桜田門外ノ変（茨城県立図書館蔵）

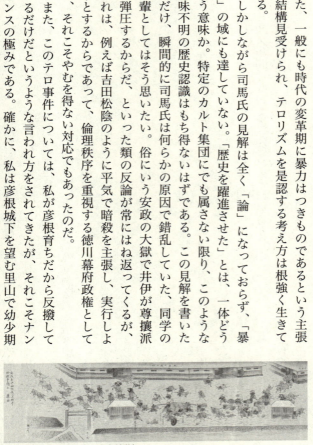

から高等学校時代までを過ごした。そこは、石田三成のまさにお膝元と言うべき村で、佐和山は小学校、中学校時代を通じて身近な、自分たちの持ち物のように感じていた城山であった。中学校の校歌は、

〜佐和山を間近に仰ぎ♪〜

という一節から始まっていたほどである。

つまり、私にとっては三成の佐和山城を攻め落とした井伊直政は、憎《に》っくき敵であったのだ。更にいえば、三成の前の城主は堀尾吉晴、その前は堀秀政、即ち、私の里は木下藤吉郎が長浜城を築いてからは豊臣政権の武将の領内であったわけで、豊臣領の前は織田領であり、城主は、柴田勝家と共に織田家両横綱と謳われた丹羽長秀であった。更にその前は浅井《あざい》領であった。戦国の常として、絶えず城主が敵に変わり、またその敵に変わってきたのである。往時は、東から近江へ入るには摺針峠を越えなければならない。峠を降りると、そこは私の小学校・中学校の在った鳥居本宿、即ち、佐和山である。京へ上るには、どうしても佐和山を通過しなければならない。「近江を制する者は天下を制す」と言われた通り、その先端に位置した湖東の佐和山は、天下取りに直結する要衝であって、彦根城は天下を取った徳川家康家中が山城であった佐和山城を平城として少し琵琶湖側へ寄せたに過ぎない。かくして、少年時代の私

は、もともと浅井領内の者であるという意識が強かったのだ。

近江・湖東地方は、日本史の中でももっとも勢力の衝突が強く、多く繰り返された土地である。桜田門外の変を、卑劣なテロとして批判することを、私が被害者となった井伊直弼の彦根藩出身だからと言うのは、苦しまぎれの屁理屈と言われても仕方あるまい。歴史を点でしかみないとこういうことが起きる。

さて、話を本筋に戻して、では安政末から文久年間にかけてどういうテロが繰り広げられたか、それが紛れもないテロであることを示すために簡略に列挙しておこう。

安政七（万延元・1860）年
・イギリス公使館通詞伝吉を泉岳寺で暗殺
・大老井伊直弼を江戸城内桜田門外で暗殺
・アメリカ人通詞ヘンリー・ヒュースケンを暗殺（犯人は薩摩藩士）
万延二（文久元・1861）年
・イギリス人水兵二名をイギリス仮公使館で暗殺（犯人は松本藩士）
文久二（1862）年
・土佐藩参政吉田東洋を暗殺（犯人は土佐勤皇党那須信吾ら）

・九条家家士島田左近を暗殺（犯人は薩摩藩士田中新兵衛ら）
・九条家宇郷重国を暗殺（犯人は土佐勤皇党岡田以蔵ら）
・目明し猿の文吉《ましらぶんきち》を虐殺（犯人は岡田以蔵ら）
・金閣寺寺侍多田帯刀《たてわき》（長野主膳の妾の子）を暗殺
・知恩院家士深尾式部を暗殺
・国学者塙忠宝《はなわただとみ》、加藤甲次郎を暗殺（犯人は長州藩士伊藤俊輔と山尾庸三）
文久三（１８６３）年
・町役人林助を暗殺（犯人は薩摩・長州・土佐藩士）
・儒学者池内大学を暗殺（犯人は岡田以蔵ら）
・唐橋村庄屋宗助を暗殺（犯人は土佐藩士）
・妙法寺寺役正淳《しょうじゅん》を暗殺（犯人は天誅組）
・岡っ引き半七の兄文助とその妻とみを虐殺（犯人は六名）
・姉小路公知《あねがこうじきんとも》を暗殺（犯人は薩摩藩士）
・剣客仏生寺弥助を暗殺（犯人は長州藩士）
・油商人八幡屋卯兵衛を暗殺（犯人は天誅組）
・新撰組佐々木愛次郎を暗殺（犯人は長州藩士）

・新撰組佐伯又三郎を暗殺（犯人は長州藩士久坂玄瑞《くさかげんずい》）

元治元（1864）年

・絵師冷泉為恭《れいぜいためちか》を暗殺（犯人は長州藩士大楽源太郎ら）
・会津藩士松田鼎を暗殺（犯人は尊攘派というだけで不明）
・佐久間象山を暗殺（犯人は肥後藩士河上彦斎《げんさい》、久留米藩士来島三治郎ら）
・英国陸軍ボールドウィン少佐、同バード中尉を鶴岡八幡宮参道で暗殺（犯人は浪人清水清次、間宮一）

これを更に続けて列挙するには、かなりの紙幅を要する。同じような暗殺はまだまだ存在し、以上は氷山の一角と言ってもいいのだ。暗殺に美しいも汚いもないが、尊攘激派と言われる薩摩・長州藩士主体のテロリストの殺し方は、あまりにも残虐であった。首を切り、京の町なかや橋の欄干に晒す、首、手足をバラバラにして、それぞれバラバラに公卿の屋敷などに投げ入れるといった具合で、徳川慶喜の宿所に投げ込まれたこともあった。猿の文吉などは、肛門から竹を刺し込まれ、そのまま脳天まで貫かれて絶命した。勤皇の志士と自称する犯人たちは、絶命した文吉をそのままの形で市中に晒した。彼らは、己の政治目的を達成するためにこういう残虐行為を繰り返したのである。これをテロと言わずして何をテロと言えばいいのか。この種の行為が「歴史を躍進させる」とは、一体どういう論理なのか。

また、後に初代内閣総理大臣にまで昇りつめた伊藤博文（当時は俊輔）は、国学者塙忠宝を暗殺している。これについては、後に渋沢栄一などが直接本人に問い質したことがあるが、本人が明確に否定せず、渋沢もやはり伊藤はやっているという心証をもっていた。果たして、伊藤がやったのはこの一件だけか。

伊藤俊輔という人物は、明治憲法の起草については明治十五（1882）年に渡欧し、ベルリン大学、ウィーン大学で指導を受けるなどの努力を積み重ねて、内閣制度の創設と共に制定実現までこぎつけている。この努力は評価すべきであるが、長州テロリスト集団の構成員として暗殺に手を染めていたことは、後の政治的業績と引き換えに否定すべきことではない。俊輔時代の所業も博文時代の業績も、共に伊藤の史実として併記されるべきことである。

伊藤俊輔の出自は農民であるが、御一新前は井上聞多《もんた》（馨）といつもつるんで、兄貴分であ

伊藤博文（写真:アフロ）

る高杉晋作のパシリのような存在であった。この二人の共通点は、無類の女好きであったということである。松方正義を入れた三人の女好きは、明治天皇からも注意されたという逸話が残るほど有名なものであり、批評家宮武外骨《みやたけがいこつ》の格好の標的となったことでも知られる。そんな伊藤が、御一新前に暴れ回っていた先輩たちが暗殺されたり、政変で追われたりして、押し出されるように我が国の最高権力者にまで昇りつめたのである。

表向きの威勢だけはいい高杉晋作が首謀した、高輪のイギリス公使館焼き打ちというテロがある。この事件は、高杉や久坂玄瑞らによる「攘夷」活動の一つであるが、この時イギリス公使館は竣工したばかりでまだ誰も入居していない。彼らは、空き家の公使館に夜陰に乗じて火を放ち、やった！　やった！　と、まるで〝悪ガキ〟のように自己陶酔して騒いでいただけである。兄貴分高杉の「攘夷」活動であったからには、当然、伊藤俊輔も加わっていた。後に、イギリスのリーズデイル卿（ミットフォード）は回想録を著したが、この件について次のように書いている。

――その襲撃とは、悪名高い品川の村を見下ろす御殿山の、将軍が外国公館のために割り当てた非常に景色のよい場所に建築中であった建物が、浪人の襲撃で破壊された事件のことである。巷間伝えるところによれば、伊藤公爵（俊輔のこと）がまだ駆け出しの若者であった頃、この浪人の一味であったということだ。我々は彼が偉大な人物になる以前の昔の頃に、そのことで何度か彼をからかったことがある。その頃、彼は我々の仲の良い友人だったが、あえてそれを否定せず、ただ笑うだけであった。——（『リーズデイル卿回想録』長岡祥三訳・講談社）

また、龍馬本に代表されるように、幕末の歴史を面白おかしく「真実は～」などという常套句を軸にして展開する本が横行しているが、その種の本の中には伊藤を孝明天皇暗殺犯とするものもあるが、そういったフィクションと史実を〝いっしょくた〟にすべきではない。国学者塙忠宝の暗殺動機についても、塙が「廃帝」の典故を調べていることを尊攘激派が怒ったためということがよく語られるが、伊藤らこの頃の下級テロリストの暗殺動機は「仲間うちでハクを付けるため」であったと私は推察しており、むしろこの理由の方こそ問題であろう。金閣寺寺侍多田帯刀や絵師冷泉為恭らをはじめ多くの被害者が政治的に「攘夷」にも「開国」にも、何の関係もないのに「天誅」という名のテロによって殺害された。彼らは、せいぜい見せしめか下級テロリストの「ハクを付ける」ためだけに、勤皇を声高に喚く輩に殺されたのである。福澤諭吉もその自伝に、このバカバカしいほどの、かつ、許し難い勤皇志士の実態を記録している。

既述した竹内式部の説く勤皇論もカルト思想の域を出ていないが、近代日本を開いたとされてきたこの薩摩・長州・土佐藩士を中心とする勤皇志士を自称する輩の言う「勤皇」とは一体何であったのか。

4　イギリスと組んでいた薩摩・長州

薩摩・長州藩士などによる今日でいうところのテロ行為は、激しく、残虐なものであったが、言うまでもなく、これのみによって徳川幕府が倒れたわけではない。しかし、ある意味で公家を覚醒させたことは事実であろう。但し、それは恐怖による政治意識の変容であって、先に述べた古学の影響を反映したものでもなく、何らかの新たなイデオロギーに突き動かされたものでもない。残念ながら、いつの世もテロリズムという戦争以外ではもっとも破壊力の強い悪質な実力行使、即ち、暴力は、限定的ではあっても、また一時的ではあってもそれなりの効果を発揮するものである。この手法は、昭和前期まで半世紀以上に亘って「近代」と言われている我が国の社会において引き継がれていくことになる。

「ペンは剣よりも強し」と言われる現代感覚では実感しづらいことであろうが、仮に自宅の庭に人の手首や耳が投げ込まれたら、どれほどの恐怖を覚えるか、想像してみていただきたい。例えば、文久三（１８６３）年一月に暗殺された儒学者池内大学の耳は、「議奏」の正親町三条実愛《おおぎまちさんじようさねなる》と中山忠能《ただやす》の屋敷に、脅迫文と共に投げ込まれた。この二人の上級公家は恐怖に慄き、脅迫通りに議奏を辞任し、隠居してしまった。この二人の名前に覚えのある読者もおられるだろう。慶応三（１８６７）年十月、岩倉具視や薩摩の大久保利通に指示され、「討幕の密勅」を偽造するという大罪を平然と行った公家である。つまり、薩摩・長州のテロは、その政治目的を果たす上で正直に有効であったということだ。

また、時代の気分として読書階級、即ち、武家の間に尊皇意識が定着していたことが倒幕を助けたことも否めない。しかし、これは基盤要因として作用したものと考えられ、戊辰戦争時に「恭順」という言葉と概念が事態を一気に動かしたのも、時間をかけて浸透していたこの時代の気分としての尊皇意識があったればこそなのだ。但し、武家の尊皇意識とは、薩摩・長州が行ったような、天皇を政治の表舞台に引っ張り出すというような、つまり、天皇を政争の道具として利用するような乱暴なものではなく、どこまでも純粋な教養としての尊皇意識であった。討幕という名の政権簒奪が成功したのも、その実行主体が薩摩・長州の下層階級であり、読書階級に尊皇意識が定着していたことがそれを阻止する上で〝障害〟となったからであるとも考えられる。教養としての尊皇意識からは、天皇が「政《まつりごと》」に〝手を染める〟などという発想は出てこなかったのである。

更に、幕府崩壊の要因として挙げておかなければならないのは、既に触れた老中阿部正弘の「言路洞開策」である。ペリーのもち込んだ国書に対する対応策を決定するに際して、幅広く諸大名はいうに及ばず、町方にまで意見具申を許したのである。特に、朝廷に事態を報告したことは、阿部の浅慮と言うべきであろう。このことが、朝廷の幕政介入に繋がることになった。

外様大名が幕政に介入してきたきっかけも、同様であった。幅広く意見を求めるといえば、今日的な感覚に照らせば聞こえはいい。しかし、家康、秀忠、家光が何故苦心して「禁中並公家諸法度」や「武家諸法度」を創り上げたか、外様雄藩の関ヶ原以来の底意をどう感じていたのか、これを推《お》し量《はか》っていれば、別の手立てがあったはずである。最終的に何でも「勅許」「勅許」と反幕勢力が喚き、京を舞台に「偽勅」「密勅」が乱れ飛ぶという幕府の制御不能な事態を到来させた、そのきっかけを作ったのが阿部であったと言ってもいいだろう。

その他、幕府崩壊の要因は多々語られるが、そもそも封建制という古い体制がいつまでも続くわけがないという乱暴な論が永年幅をきかせてきた。しかし、これは我が国の封建制がどういうものであったかというところから説かない限り「論」にはならない。私どもが受けた教育が、これであった。気分として、ただ古いものは滅びるといった風の言い方が支配的であったと思う。

見逃してはいけないことは、イギリスが早くから薩摩・長州を支援してきたという事実である。欧米列強の横綱と言ってもいい大英帝国は、反政府勢力である薩摩・長州を支援した――この点を無視すると、幕末史の解釈は迷走することになる。

この頃、即ち、アジア侵略に乗り出してからのイギリスの基本的な外交スタンスには一つの定型がある。植民地化を含め、支配下に置こうとする国や地域に対して、反政府勢力を支援する、或いは反政府勢力を創るというやり方である。よく観察すれば、帝国主義時代とも呼ばれるこの時代の列強諸国のやり方は大概この形を採っているのだが、イギリスの場合は露骨にこれが目立つだけかも知れない。例えば、アメリカの南北戦争の時も、イギリスはこの手法で介入に乗り出した。

周知の通り、南北戦争とは、アメリカ合衆国と合衆国を離脱した南部十一州が結成したアメリカ連合国との内戦である。開戦は、文久元（１８６１）年という、我が国では攘夷運動が益々盛んになり、本来観念論であるはずの攘夷論が愚かな政治リアリズムの域にまで達し始めていた頃である。イギリスは、反政府勢力と言える南部・アメリカ連合国を裏で支援した。

当時のアメリカ北部（合衆国）では工業化が急速に進展していたが、対する南部は農業のプランテーション経済に依存しており、そのため黒人奴隷制を必要としていた。一般に理解されている通り、この奴隷制で南北が対立していたことは事実である。北部工業地帯は、世界の先進工業地帯がそうであったように流動的な労働者を必要としており、このことは奴隷制とは対立する。しかし、この内戦は、単に理念上の奴隷制をめぐる対立で勃発したものではない。北部の工業地帯は、五十年ほど前の米英戦争の結果、イギリスからの工業製品輸入が途絶えてしまって、それを背景要因として発達したものであり、そうなると国際競争力維持のために保護貿易を求めるようになる。これに対して、南部諸州は綿花をヨーロッパに輸出することで成り立っていた。輸出先であるヨーロッパの盟主は、自由貿易圏の覇者イギリスであり、自由貿易は綿花経済にとって何としても守るべき体制であったと言える。つまり、この内戦は保護貿易か自由貿易かという完璧な経済対立の構図をもった対立であり、その一要因として奴隷制の是非も対立軸となったものである。私どもが教えられた、麗しいヒューマニズムによる奴隷解放を目指した、リンカーンによる理念戦争では決してないのだ。

イギリスは、背後で南部、即ち、アメリカ連合国を支援した。南部のための海上封鎖に乗り出す気配もみせた。北部が保護貿易体制を採ろうとしているから、というのは確かに一つの理由になるかも知れないが、南北では人口規模も、工業化の進展具合も全く異なり、市場としてみれば北部、即ち、アメリカ合衆国の方が明らかに強大である。しかし、そこがイギリスである。イギリスは、アメリカ合衆国から離反した南部、つまり、反政府勢力に肩入れしたのだ。もし、南部が勝利すれば、アメリカ大陸は再び米英戦争前まで遡った状況、つまり、イギリスの覇権の下に置くことができるかも知れなかったのだ。

ポイントとなったのが、リンカーン大統領が文久二（１８６２）年に発した「奴隷解放予備宣言」である。この時期は、ちょうど戦線が膠着状態に陥った時で、この内戦が「奴隷解放」を掲げた理念戦争であると広く認識されれば、イギリスとすれば南部を支援する大義名分が全くなくなるのだ。現実に、これによってイギリスは公然と南部を支援することができなくなった。局地戦では苦戦に陥っていた北部＝アメリカ合衆国とすれば、起死回生の打ち手であったと言える。

このアメリカ南北戦争の事例が一つの典型であるが、イギリスは幕末日本においても反政府勢力、即ち、「尊皇攘夷派」を、具体的には薩摩・長州を裏で支援したのである。おかしな話ではないか。反幕勢力に属する下級武士や更に下層のテロリストたちは「復古!」を喚き、「攘夷決行!」をスローガンとして社会を騒乱状態に陥れている。その尊攘激派の属する主体組織が攘夷のターゲットであるはずのイギリスと組んでいる。尊攘派が倒そうとしている幕府は対外協調路線を採っている。実は、この構図こそが幕末政治構造の重大な実態なのである。

この構図の理解を助けるために、ここで幕末騒乱のピークに差しかかった文久年間以降の出来事を、列記しておきたい。

文久元(1861)年
・五月　長州藩、長井雅楽《うた》の唱える航海遠略策を朝廷に建言
・七月　長井雅楽、航海遠略策を老中久世広周《くぜひろちか》に提出
文久二(1862)年
・一月　老中安藤信正、坂下門外で襲撃される(坂下門外の変)
・二月　十四代将軍徳川家茂と和宮の婚儀
・四月　島津久光、薩摩藩兵を率いて上洛
　　　　久光、藩士有馬新七らを上意討ち(寺田屋事件)

・五月　久光、勅使大原重徳《しげとみ》を奉じて江戸に向かう
・六月　長井雅楽、長州に帰国、謹慎を命じられる
・七月　一橋慶喜、将軍後見職に就任
・八月　生麦事件発生
・閏八月　会津藩主松平容保、京都守護職に就任
・十二月　松平容保、京に入る
文久三（１８６３）年
・三月　将軍家茂、上洛
・四月　家茂、攘夷の実行を五月十日と奏上
・五月　長州藩、関門海峡通過の外国船を砲撃
・七月　薩英戦争
・八月　八月十八日の政変（七卿落ち）
文久四年　元治元（１８６４）年
・一月　家茂、再び上洛
・六月　池田屋事変
　長州藩兵、伏見・天王山に布陣

・七月　禁門の変
　長州藩追討の勅命が下る
・八月　四国連合艦隊、下関砲撃
・十二月　征長総督徳川慶勝、広島から撤兵
慶応元（1865）年
・九月　長州再征勅許下る
・十月　通商条約勅許となる
慶応二（1866）年
・一月　薩長盟約成立
・六月　長州戦争開戦、幕府軍各地で敗戦
・七月　将軍家茂、大坂城で病死
・八月　小倉城落城
　慶喜、長州藩征討の勅書を受ける
　慶喜、征長軍解兵を奏上
　休戦命令沙汰書下る
・十二月　慶喜、十五代将軍に就任

孝明天皇崩御

慶応三（1867）年

・一月　明治天皇践祚《せんそ》

征長軍解兵の沙汰が下る

・五月　兵庫開港、長州藩処分勅許

・六月　薩土盟約成立

・九月　薩摩・長州、上方出兵協定合意

・十月　徳川慶喜、大政奉還の上表提出

薩摩・長州に討幕の密勅が下る

大政奉還勅許

朝廷、諸大名上京まで慶喜に大政委任

この後、慶応四（1868）年一月二日、幕府海軍と薩摩藩軍艦が大坂湾で交戦し、翌一月三日、「鳥羽伏見の戦い」が勃発する。偽の錦旗が東寺に翻り、六日に慶喜は兵卒を置き去りにして大坂城を脱出、海路、江戸に逃げ帰るという醜態を晒した。

幕府崩壊の大詰めとなるこういう流れの中で、重大な外交事件が発生する。文久二（1862）年四月、薩摩の島津久光が兵を率いて上洛し、更に翌月、勅使大原重徳を奉じて江戸に入った。ルールや政治慣例などといった「秩序維持」の仕組みに照らせば、この行動は滅茶苦茶である。武士階級というものが登場して以来、兵を率いて、つまり、武力行使の構えをみせて上洛するということが、どれほど重大なことか。これだけで時の政権や朝廷に対するあからさまな謀反である。そして、この時の、その後も同様であるが、島津久光の立場はどういうものであったか。

これについては簡潔に言い切れるが、立場というものは何もない。薩摩藩主でもなければ、幕政上何らかの立場を与えられていたかといえば、そういうものも一切ない。従って、「薩摩の島津久光」としか言い様《よう》がないのだ。薩摩藩主島津忠義の実父という関係から、薩摩藩内では「藩父」などと呼ばれていたが、それはいってみれば〝身内〟の間でのことで、公式には幕府にとっても朝廷からみても単なる「陪臣」に過ぎない。そういう輩が勅使を奉じて幕府に注文をつけるのだから、始末が悪い。それだけ幕府の権威が衰微していた証でもある。利用されていただけとはいえ朝廷も朝廷で、この時勅使大原重徳が幕府につけた注文とは、一橋慶喜を将軍の補佐役とし、松平慶永《よしなが》（春嶽）を大老にせよなどというもので、図に乗り過ぎた幕政介入そのものであった。勿論、孝明天皇の意思とは無関係である。

江戸からの帰途、島津久光の行列が、有名な「生麦事件」を惹き起こす。久光の行列に乗馬したまま近づいたイギリス人四名を供侍が「無礼討ち」にしようとし、一名が斬殺され、二名が負傷したのである。国際紛争に発展する典型的な事例であるが、実際、これが「薩英戦争」の直接原因となり、幕府は賠償金十万ポンドを支払うこととなる。

この事件については若干補足しておいた方がいいだろう。イギリスにとってはさほど都合の悪いことではないこの事件は、幕府にとっては最悪なものであったと言える。中央政局の微妙なニュアンスなど何も分かっていない無位無官の島津久光が、自らの身内も加わっている攘夷・討幕勢力にうまく利用された形で幕政に介入し、必死の外交努力を続けている幕府の足を引っ張るだけの攘夷事件を惹き起こし、イギリスに格好の口実を与えてしまったのだ。幕閣の中には、薩摩は幕府を困らせるためにわざと暴挙を行ったと受け止める者が多かったと言われるほどで、実際のところ幕府にとっては外交上の重大問題であった。

しかし、大名行列というものについては、それを見物する方にも作法というものが存在した。当時の大名行列は、庶民にとっても見物の対象になっていたが、その際、映画やドラマのように街道に土下座する必要はないし、それをする庶民はあまりいなかったようだ。片足を折って地に着け、敬意を表すればそれでよかった。大名の籠を取り巻く行列の中心が自分の前を通り過ぎれば立ち上がって見物するのが普通であった。

大名行列というものは、縦に長い。こういう隊列は、側面からの攻撃に脆《もろ》い。そこで、片足を折って地に着け、攻撃する意志は全くなく、敬意を表していることを態度で示すのだ。土下座しなかったら、切り捨て御免などというのは、ドラマの中だけの話である。但し、大名側が攻撃を受けると感じてもおかしくないような、作法を破る行為に対しては「無礼討ち」が認められていたこともまた事実である。

この事件の現場は、武蔵国の生麦村、今の横浜市鶴見区生麦である。実は、通商条約では外国人の自由通行が認められるエリアが設定されている。程ヶ谷（保土ヶ谷）から六郷の間がそのエリアに当たる。このようなエリア内で、慣例として「無礼討ち」の発動があってもおかしくない行為があった場合、どう処理するのかという難しい問題を含む事件が、この生麦事件という、幕府にとっての難問であったのだ。

イギリス本国においても、例えば、タイムズ紙とデイリー・ニューズ紙とでは見解が分かれていたようだ。前者が、「彼ら（イギリス人）の行動に非難されるような要因は何もない」とする一方で、後者は「彼らは日本の社会的慣例を踏みにじった」とする。また、ニューヨーク・タイムズは「事件の非はリチャードソン（斬殺されたイギリス人）にある」と断定している。というのも、リチャードソン一行の前にアメリカ商人が久光の行列に遭遇しており、彼は下馬して馬を道端に寄せ、帽子をとって敬意を表しているからである。薩摩藩士にとっても、これなら何も問題はなかったということだ。

結局、この事件はどうやって「始末」されたのか。イギリスは、幕府に対して十万ポンドの賠償金を要求し、薩摩藩に対しては犯人の逮捕及び死刑執行と二万五千ポンドの賠償金支払いを要求した。これに対して、日本側も一部の者は強気であった。老中の井上正直《まさなお》などは、（京都政局に勢力を注いでいる中）兵が手薄で勝算がなくても死力を尽くして防戦すべきだと主張し、大目付酒井忠行も開戦を説き、神奈川奉行阿部正外《まさと》に至っては、老人、女子供、病人の避難を指示し、今にも討って出るような勢いであった。この時、横浜にはイギリス艦は四艦しか配備されておらず（一隻は郵便船）、このこともあってニール代理公使は慎重な姿勢を採った。日本側は、薩長の尊攘激派が「攘夷決行」を喚き、老中の大半は京都へ出向いている。

この難局を救ったのは、あの徳川テクノクラートを代表する一人、水野忠徳であっ

た。水野曰く、

「勅命とあらば攘夷は実行するが、これは攘夷問題とは無関係な偶発事故である。事故である限り賠償金は支払うべきである」

　これで決着がついた。そして、老中格小笠原長行《ながみち》が「勝手にやったこと」として賠償金はイギリス軍艦に運ばれた。伝えられるところでは、ドル銀貨で支払われた賠償金は、大八車二十数台で運ばれたという。小笠原が独断でやったことという形を採ったのは、「攘夷決行」でうるさい朝廷＝薩長尊攘激派に対する配慮であったとされている。小笠原としては、いざとなれば腹を切る覚悟でやっている。因みに、小笠原は大坂で老中格を罷免された。

　この後、文久三（１８６３）年七月、イギリス艦隊は七艦で薩摩市街を砲撃、これが薩英戦争である。賠償金二万五千ポンド＝十万ドルは、幕府が立て替えた。この時、世界最新鋭の施条式後装砲・アームストロング砲が初めて実戦で使用された。

薩摩のシンボル 桜島（筆者撮影）

生麦事件が起きたのは、薩英戦争の前年、文久二（１８６２）年八月である。その時から、薩英戦争の勃発は予想されていた。勿論、幕府はこれを必死に防ごうとしたが、薩摩藩は覚悟していたはずである。実は、前年十二月、薩摩藩は来るべき対英戦争に備えてイギリス商人に対して何とアームストロング砲百門を発注していた。これから砲火を交えるであろう相手国商人から、砲火を交えるための武器の買付けを行おうとしたのだ。アームストロング砲は、イギリスにとっても最新鋭の大砲であり、さすがにこの一件については外務大臣ラッセルが介入し、薩摩藩への売却は実施されなかった。アームストロング砲が百門もあれば、薩英戦争の戦局はどう転んでいたか分からない。剛毅《ごうき》といえば剛毅な話だが、私は、数からみても薩摩藩は拒否されることを承知で発注していた可能性が高いと考えている。

先に、薩摩の密貿易について述べたが、この藩は密貿易によって生きてきたと言っても過言ではない。島津重豪《しげひで》という極端な蘭癖《らんぺき》大名が現れたのも、同じく蘭癖大名の代表的な一人であった島津斉彬《なりあきら》が集成館という洋式工場を造ることができたのも、密貿易の利潤があったればこそ、なのだ。幕府に軍艦を献上したことさえあるくらいで、イギリスとの結びつきは昨日、今日の話ではなかったのである。国法を犯すイギリスとの交易によって得た技術や武器でイギリス軍艦と戦ったというのが、薩英戦争なのだ。

密貿易を生業《なりわい》としていたと言ってもいい薩摩藩が、当然のことながら「攘夷」を藩論としたことは一度もない。従って、「攘夷」のために「討幕」を藩是としたことも、一度もない。阿部正弘政権時代に、島津斉彬は阿部に非常に近く、幕政参画に意欲的であったし、弟の島津久光もあくまで公武合体、雄藩連合の成立を目指していたもので、久光は藩兵を率いて上洛した際、藩内の攘夷急進派を伏見の寺田屋で上意討ちにしている。この時、攘夷派であった後の元師大山巌は危うく命を落とすところであった。大河ドラマのファンなら、島津斉彬が十三代将軍家定の御台所《みだいどころ》として養女篤《あつ》姫《ひめ》を幕府に送り込んだことはよくご存じであろう。薩摩が、幕府の貿易管理に不満を抱いていたことは間違いないが、薩英戦争までは攘夷を方針としており、戦争の後、攘夷の不可能なことを悟ったとする一般の歴史書の記述は如何にももっともらしいが、明白な誤りである。

幕府崩壊の要因の一つとして、イギリスと薩摩の結びつきは十分認識されるべきであろう。イギリスと薩摩の結びつきが、イギリスと長州の結びつきを生んだことは、次節で整理したい。即ち、薩摩・長州は、関係の進展次第では日本侵略に踏み切った可能性が皆無ではなかった世界の覇者イギリスとの結びつきを深めて、イギリスの支援を受けて討幕に乗り出したのである。

5　薩摩・長州を操った死の商人グラバー

一方、長州はどうであったか。

京都で激しいテロの嵐を吹かせ、京都町奉行所や京都所司代を無力化させ、騒乱状態を創り出した中心勢力が、長州の尊攘激派であった。吉田松陰という過激な尊皇原理主義者に煽動された先鋭的な若者が中核となっていた。

文久三（1863）年の京都とは、実に暗示的である。この頃の朝廷は、尊攘派公家が牛耳るようになっていた。彼らの後ろ盾は、長州である。そういうところへ、攘夷の実行策を奏上するために将軍家茂が上洛することになる。薩摩の島津久光も、公武合体を説くために上洛してきた。久光の言うことは、「天誅」という名の殺戮を放っておいてはいけない、無責任な攘夷を唱えるな、過激派に動かされている公家を罷免せよなどという、いってみれば極めて正論ばかりであったが、もう遅いと言うべきであった。既に、朝議をリードしているのは三条実美《さねとみ》、姉小路公知などの長州派＝過激派である。公武合体派の公家は、テロを恐れて引きこもりがちであった。久光は、無力感と共に国許へ引き揚げる。土佐の山内容堂も公武合体派の中心メンバーの一人であったが、これも国許へ引き揚げる。福井藩松平春嶽は、攘夷が不可と知りながら攘夷の勅諚を得ようとするは御上を欺くものと怒って、政治総裁職を投げ出して、これまた国許へ帰ってしまう。春嶽などは、それが分かっているのなら立場上何故それを阻止しようとしないのか、この人物の一貫したひ弱さは無責任に通じ、松平を名乗りながら幕府にとっても、同時に倒幕派にとっても全く役に立たない存在であったと言わざるを得ない。尤も、正論を通せばテロのターゲットになることは理解できる。しかし、多少でも幕府という統治組織や、国家の防衛ということを考えれば、常にさらっと引くばかりの政治姿勢は採れないはずである。

かくして、京には将軍家茂と将軍後見職一橋慶喜、そして、京の治安維持を一手に任された京都守護職・会津藩主松平容保が取り残されたような恰好となった。もう、京の都は、尊皇攘夷を喚く、長州人を核とした暴徒が支配する無法地帯の雰囲気を漂わせていたのである。そういう空気の中で、将軍家茂は「攘夷の実行」を口にさせられ、その日が五月十日と決した。

まるで漫画というか、茶番そのものである。「攘夷の実行」とは、何を行うのか。

林大学頭が奮闘してまとめた日米和親条約締結から既に九年、通商条約締結からでも五年、日本は対外協調路線を採り、貿易が行われており、領事、公使も赴任しており、幕府も相手国も条約に基づいて交際している。そこへ「攘夷の実行」とは、いきなり大砲でもぶち込もうというのか。とことん政治リアリズムの欠落した過激な原理主義者とは、いつの時代も漫画を狂気によって現実社会に当てはめようとするものである。

将軍家茂は、無理やり「攘夷の実行」を奏上させられたが、幕府はこれを布告するに際して、「外国から攻撃を受けた時のみ、これを打ち払うこと」と強調して諸大名に達した。日本側からの攻撃を禁止したわけで、今流に言えば「専守防衛」である。如何に侵略の潜在的な欲望を秘めていたイギリスでも、この時点でいきなり攻撃してくることはあり得ない。イギリスもアメリカも本国指令の制約を受けており、更にはオランダ、フランスであっても、それほど未熟な国ではない。つまり、幕府としては、朝廷に対して朝廷の望む通りの「攘夷の実行」を口にはしたが、現実には幕命によって諸大名が「攘夷行動」を採ることなど不可能と考えていたようである。

しかし、長州の久坂玄瑞たちは常識の埒外《らちがい》の人間であったようだ。五月十日に関門海峡を通過する外国船を、本当に砲撃したのである。砲撃を受けたのは、アメリカ商船であったが、損害は軽微であった。次いで、五月二十三日にはフランスの通信船が砲撃された。いずれも、明白な国際法違反で、言い訳の余地はない。フランス船の場合は、軍事演習ではないかと思い、それを確かめるためにわざわざ投錨してボートを下《おろ》したところ、長州勢はこれを砲撃し、水兵四名が即死した。更に、五月二十六日、オランダ軍艦が砲撃され、四名が死亡。オランダ船の場合は、永年日本とは友好国であった自分たちが砲撃されるとは考えてもおらず、オランダ国旗を掲げている限り安全だと考えていた。しかし、長州には友好も条約も通じなかった。

久坂玄瑞

六月に入るや否やアメリカ、フランスは報復攻撃を実施。陸戦隊を上陸させ、簡単に長州の各砲台を占拠、破壊し、すべての武器弾薬を押収した。この時、オランダは報復に加わらなかった。二百数十年に亘って、ヨーロッパ諸国では唯一交易を許されてきた友好国であるという思いが報復を躊躇させたのであろうか。日本の対外協調路線への転換に当たっては、常に助言し、外輪船を贈ったこともあった。海軍伝習所に対しては教官を送り、日本海軍の創設に協力もした。久坂玄瑞たちは、こともあろうにそういう友好国の見分けもできず、無差別に国際法のみならず、幕命にも反する凶行を繰り広げたのである。

昭和になって、オランダがヨーロッパの中でも有力な反日国家となったことはご存知であろう。それは、何も大東亜戦争時の捕虜の扱いだけが原因ではない。戦後、昭和天皇が訪問された時、日の丸が焼かれたほどの反日国家になった、そのきっかけがこの文久三年の長州の暴挙であった。

翌七月には、前述した薩英戦争が勃発。文久三年という年は、昭和維新という暴力の嵐が吹き荒れた昭和十一年と似たような、原理主義者が暴走した年であった。

しかし、八月、いわゆる「八月十八日の政変」が起こり、長州と三条実美をはじめとする長州派公家が遂に京から追放される。世にいう「七卿落ち」である。この政変は、自らの政治的野望を孝明天皇のご意思として偽り、天皇ですら道具として利用するという凶暴な本性を露骨に示す長州に対して、天皇の怒りが爆発したものである。

孝明天皇という方は、確かに夷人嫌いである。しかし、朝廷と幕府との関係において「大政委任」の原則を崩そうとされたことはない。そして、京都守護職・会津藩主松平容保と一橋慶喜を信頼されていた。特に、松平容保に対する信任が非常に厚いものであったことは周知の通りである。この政変は、公家では中川宮が中心となり、会津・薩摩・淀藩が実行部隊として動いたが、孝明天皇は松平容保に対して、

「朕の存念貫徹の段、全くその方の忠誠にて深く感悦の余り～」

として感状と御製を下されている。

孝明天皇は、偽の勅諚を乱発して、できもしない過激な攘夷行動に突き進む長州によほど心を痛められたようで、八月十八日以前の勅はすべて偽物であり、十八日以後に申し渡すことが真実の存意であると在京諸大名に対して明らかにされた。更に、長州に担がれた中心人物、明治新政府では暫定内閣の総理大臣まで務めた三条実美を指して「重々不埒《ふらち》の国賊」という表現をされている。天皇権威を軽々しく利用して暴論の実行を推進しようとした長州とそれに担がれた三条をはじめとする公家は、天皇にとってまさに逆賊であったのだ。

暴徒を都から追放し、洛中に平穏な日々が戻ったかにみえたのはほんの束の間であった。翌元治元（１８６４）年には、もう長州過激派は密かに、続々と京に潜入してきた。彼らが企図したことは、更にエスカレートしていた。それは、以下を断行することであった。

・御所の焼き打ち
・中川宮の捕縛、幽閉
・孝明天皇の拉致、長州への連れ去り
・京都守護職松平容保の殺害
・将軍後見職一橋慶喜の殺害
・桑名藩主松平定敬《さだあき》の殺害

これはもう、国家転覆を企図した完璧なクーデターである。そして、御所を焼き打ち、天皇を拉致するという発想自体が、長州激徒ならではのものであると言えるだろう。

社会評論という分野で押しも押されもせぬ第一人者のポジションを確立し、今もなお恒星のように確固とした指針の位置を保ち続けている故大宅壮一氏は、前述した通り昭和二十七年という、日本が漸く形だけの独立を果たした、いまだ大東亜戦争の硝煙が漂っているような時期に『実録・天皇記』を著した。

――株式市場では、投資の対象になるものを〝玉《ぎょく》〟と呼んでいる。これは利を生むので、タマゴの一種か、とにかく〝大事なもの〟という意味であろう。また芸者や娼妓のあげ代をやはり〝玉〟と呼び、転じてそういった女を〝玉〟（この場合はタマとよむ）といっている。これまた投資の対象として有利と見なされたところからきたものである。――

そして、続けて曰く、

――はじめは薩長を中心とする新興勢力のロボットとして利用され、後には資本主義国家そのものを育て、守って行くのに必要な看板となり、支柱と化したのである。現に幕末の混乱期に際しては、皇室ではなくて天皇個人がフット・ボールのボールのように争奪戦の対象になっていた。天皇というボールを抱えこんでいた方が勝ちなのである。――

薩摩・長州にとっての天皇の位置づけを端的に言い当てた一文であるが、先に幕末正義の基準として官と賊について述べたが、言っていることは全く同じである。ただ、さすが大宅氏、比喩も巧みで私などよりはるかに分かり易く言い切っている。

実際のところ、「勤皇」を名乗り、攘夷を喚いて、その「勤皇」の名において殺戮を繰り返し、対外協調路線を採った幕府の足を引っ張り続けた長州激徒は、「玉を抱く」とか「玉を転がす」といった表現を平気で使っていた。この場合の「玉」とは、ストレートに天皇のことである。

例えば、長州激徒のリーダー木戸孝允《たかよし》（桂小五郎）が大久保利通（一蔵）に語った言葉に、

「禁闕《きんけつ》奉護の所、実に大事のことにて、玉を奪われ候ては、実に致し方なしと甚だ懸念～」

という表現がある（大久保利通日記）。

また、木戸は、品川弥二郎宛ての手紙で、

「うまく玉をわが方へ抱え奉り候御儀、千載の大事にて、自然万々が一もかの手に奪われ候ては、たとえいかよう覚悟仕り候とも、現場のところ、四方志士壮士の心も乱れ芝居大崩れと相成り、三藩の亡滅は申すに及ばず～」

と書いている。三藩とは、薩摩・長州・芸州（広島藩）を指す。天皇のことを玉と呼び、討幕運動のことを芝居と言っている。木戸は、一連の殺戮活動をよく「芝居」「狂言」と表現した。ゆとりがあって言っているのではなく、木戸らしい高見に立ち

たがる表現であろうが、天皇のことをまるで、彼らが入り浸っていた祇園や島原の娼妓のことのように玉、玉と言い慣らしていることは、口先で「勤皇」を喚く長州激徒に「勤皇」「尊皇」の真意など全くないことを如実に物語っていると言えよう。彼らにとって、天皇は徹底して単なる道具であったのだ。そういう長州だからこそ、平気で御所の焼き打ち、孝明天皇の拉致を計画できたのである。

この暴挙と呼ぶべき不遜な計画は、新撰組と会津・桑名・彦根・淀藩などの必死の奮戦で未然に防ぐことができたが（池田屋事変）、それでもなお長州は、「玉」の支配を諦めなかった。長州激徒のリーダーたちが、統制のとれないまま続々と兵を挙げて入京してきたのである。もっとも過激だったのは、来島《きじま》又兵衛や久坂玄瑞、久留米出身の真木和泉である。久坂は来島たちに引っ張られただけとする説もあるが、来島の戦死を知って堺町御門を攻撃したのは久坂である。もっとも戦闘が激しかったのが蛤《はまぐり》御門《ごもん》で、そのためこの長州の御所侵攻は「蛤御門の変」とも呼ばれるが、ここを守っていたのが会津藩と桑名藩である。会津と長州軍は、ここで激突した。一時、筑前藩の守る中立売《なかだちうり》御門が破られ、長州軍は御所内に侵入したが、そこへ薩摩軍が援軍として駆けつけ、長州軍が撃退された。

この変に際して、朝廷内では過激派公家と対長州強硬派とに分裂していた。有栖川《ありすがわの》宮熾仁《みやたるひと》親王や中山忠能が長州派の過激派で、彼らには、一部の薩摩藩士、土佐藩士、久留米藩士と共に、長州軍の入京を認め、京都守護職松平容保の追放を上申するという動きがあったが、孝明天皇が会津藩擁護の姿勢を断固崩さず、長州藩の掃討を強く命じられたことが朝廷の姿勢を決した。

この時、禁裏御守衛総督の任にあった一橋慶喜（後の十五代将軍）は、長州軍に対して退去を呼びかけるだけで、両派の間に立ってオタオタしていたが、孝明天皇の厳しい長州追討令を受けて、漸く対長州強硬姿勢に転じた。平時には鋭利な判断力を発揮するが、いざ事が起こると優柔不断で何もリードできなくなるのが、この人物の特徴である。結局、この変において、一貫して不動の姿勢を貫いたのは、孝明天皇その人と松平容保、松平定敬であった。

過激に過激を重ねて幕府の足を引っ張り、天皇を「玉」と軽んじて覇権を求めた長州藩は、「八月十八日の政変」で京を追われ、それでも懲りずに「禁門の変」という御所を攻撃するという前代未聞の戦《いくさ》を行って遂に「朝敵」として追討される立場に陥ったのである。この「朝敵」処分が解けたのは、後に彼ら自身が密勅まで偽造して起こした「王政復古」クーデター前夜のことである。その時の天皇は、まだ少年であった明治天皇であり、朝敵処分の解除は、いわば自作自演であった。当時の公式な理屈で言えば、それは「官」を名乗りはしたものの実態は依然として「賊」であったということになり、ひと言で言えば「官賊」と呼ぶべきものであったということになるだろう。即ち、明治新政府とは、「官賊」の政府であったというのが幕末論理の帰着である。

なお、長州追討に際して薩摩は会津と組んだ。これは、島津久光が頑強な公武合体派であり、激徒を断固排撃したこと、孝明天皇が松平容保を厚く信任されていたことが大きな要因となっていたことは明白である。そして、西郷・大久保が、藩内では少数派であったことが基盤の要因として挙げられるだろう。

私たちは、その後の歴史事実を知っている。朝敵となった長州が薩摩と組んで最終的に幕府を倒したことは、紛れもない歴史事実である。では、述べてきたような経緯で朝敵となった長州に、何故それが可能であったのか。

それは、グラバー商会、つまり、イギリスの存在抜きにしては説明がつかないのである。

グラバー邸

元号が慶応と改まると、幕府は第二次長州征伐を企図する。慶応元（1865）年、朝敵長州の再征と共に通商条約にも勅許が下される。この時、長州は既に「領民皆兵」とも言うべき猛烈な戦争準備を始めていた。藩を挙げて幕府を討つという決意を固めたわけだが、そもそも御所を攻撃し、京の占拠に失敗して「朝敵」となって追われた失地を挽回しようとするものであるから、これは中央政権に対する反乱である。

中央政権とは、尊攘派の論理で言えば朝廷に他ならず、現実に幕府は、朝廷により統治を委任されているに過ぎない。長州とすれば、利用価値のある「玉」を建前上は敵にすることはできず、あくまで自分たちを「朝敵」とした「玉」には触れず討幕目的のために戦争準備をするという形を採ることになる。

下関には、密輸入した武器が溢れた。この年だけで長州が上海から密輸入した武器は、小銃だけで四千挺以上と言われている。勿論、小銃には弾丸が必要で、火薬なども合わせて輸入額は五万両超とされる。下関は、武器密輸入の一大基地と化したのである。すべて密輸入であるから、これによって莫大な利益を上げたのは「死の商人」と言われる武器商人たちである。その代表格が、グラバー商会であった。

グラバー商会とは、スコットランド生まれで、ジャーディン・マセソン社社員であったトーマス・グラバーが、長崎に設立したジャーディン・マセソン社の日本代理店である。では、ジャーディン・マセソン社とは何かと言えば、これはもう多くを述べる必要もないだろう。前身は、イギリス東インド会社で、イギリスの仕掛けたアヘン戦争に際してアヘン密輸で巨額の利益を得た、イギリスによる中国侵略の実行部隊とも言える存在である。その日本代理店がグラバー商会であるとすれば、その本性や目的は明白であろう。先に、イギリスという侵略国家の基本姿勢というものを述べたが、グラバー商会は、常に反政府勢力に加担するというイギリス国策を実行する最先端に位置していたのである。勿論、金になりさえすれば、佐幕派勢力にも武器を売った。そのあたりは、骨の髄まで「死の商人」であったのだ。

この年の八月、下関に入港したイギリス軍艦バロッサ号を桂小五郎が表敬訪問し、その翌日、桂がボーイズ艦長とイギリス公使館員ラウダーを自宅に招いたことが分かっている。この時、桂は下関奉行の立場にあった。

桂は、ボーイズ艦長に重大な〝お願い事〟をする。長州は、久坂に引っ張られるようにして無謀な攘夷活動として関門海峡を通過する外国船を、問答無用の天誅と同じような形で砲撃した。そして、四国連合艦隊の報復を受け、藩内の砲台はすべて破壊または使用不能にされた。その時の休戦協定に、今後決して新しい砲台を築かないこと、旧砲台の修繕を禁止することが定められていた。桂は、イギリス軍艦のボーイズ艦長に、決してイギリスを砲撃することはなく、幕府を攻撃する目的のためだけのものという条件を付けてこの協定の定めを一時的に解除し、大砲を設置させてくれと嘆願したのである。桂は、幕府との戦闘が終わったら破壊してもいいとさえ申し出ている。

ボーイズ艦長は、長州砲台の再武装化を認めてもいいという雰囲気に傾いたようだが、結論を言えば、イギリス公使パークスは四ヵ国が長州と締結した協定である以上、またフランスを筆頭とした三ヵ国の牽制もあり、桂の訴えを認めることはできなかったのである。

蛇足ながら、久坂たちの外国船砲撃によって実際に砲撃を受けたのは、アメリカ、フランス、オランダの軍艦や商船であって、イギリス船は砲撃されていない。それにも拘らず、報復攻撃の、異常とも映る積極的なコーディネーター役を果たしたのはイギリスであった。些細なことのようで、これは見過ごしてはいけない史実である。

ところで、桂が卑屈とも言えるような嘆願を行っていた頃、イギリスの長崎領事ガウアーが本国のラッセル外相に興味ある報告を行っている（『遠い崖―アーネスト・サトウ日記抄』萩原延壽・朝日新聞出版）。前年、イギリスから帰国した伊藤俊輔（博文）と井上聞多（馨）が薩摩藩家老小松帯刀《こまつたてわき》の庇護を受け、薩摩藩士として薩摩藩邸に滞在しているというのである。表の歴史では、この時点ではまだ薩摩、長州は互いに敵であったはずである。しかし、実際には既に長州は、薩摩藩名義でグラバー商会から大量の武器を買い付けていたのだ。

薩摩藩は、表向きはこれから始まる第二次長州攻撃に消極的ながら参加、協力しようとしている。しかし、裏ではイギリスと共に長州支援に乗り出していた。対立していた二つの藩を結びつけたのも、グラバー商会である。口先の「勤皇」「尊皇」などクソ喰らえというのが、イギリス派である薩摩倒幕派の本性であった。

読者諸兄のみならず多くの日本人は、対立関係にあった薩摩、長州を結びつけたのは坂本龍馬であると信じておられるかも知れないが、俗にいう「薩長同盟」の成立は、翌年一月末とされている。つまり、俊輔や聞多が〝薩摩藩士〟として走り回っていた半年後のことになる。先にはっきり述べておかなければならないことだが、軍事的な同盟を結んだかのように言われている「薩長同盟」なるものは存在しない。今では学者の世界でさえ「薩長同盟」という言葉を使う方は少数派になりつつある。

風雲急を告げる長州戦争前に話を戻さなければならない。

幕府の第二次長州征伐が刻々と近づく中、英米仏蘭四ヵ国による「四国共同覚書」が成立した。その内容は、日本の内戦に対する厳正中立の遵守と絶対的不干渉、密貿易の禁止を申し合わせたものである。これはもう、米仏蘭三ヵ国が、イギリスを牽制したものであることは明々白々である。それほどイギリスの長州に対する武器支援、それもグラバー商会を使った密輸による武器売却は露骨であったのだ。

この慶応元（１８６５）年の夏には、不審な出来事がいろいろ起きている。七月に長州の伊藤俊輔、井上聞多が、長崎でグラバー商会から大量のミニエー銃、ゲベール銃を買い付けている。総計八千挺と言われているが、一挺十両としても八万両である。この頃、果たして密輸銃が一挺十両で買えたかどうか。そして、この資金はどこから調達したのか。

ここで再び、久坂たちの外国船砲撃事件が浮上する。この賠償金は幕府が支払うことになったが、その第一回分五十万ドルが支払われたのが、同じ七月なのだ。直接証拠はないが、同じ七月ということに何か引っかかるものがある。というのも、この直前四月のこと、幕府もグラバー商会から大砲三十五門と砲弾を購入し、六万ドルと言われるその手付金を支払った。グラバー商会はこの金を薩摩藩に回してしまったことが、後に判明している。更に後のことだが、グラバー商会は幕府から金だけを受け取り、注文された大砲をなかなか幕府に引き渡さなかったこともある。グラバーとは、このような悪質な「死の商人」であり、グラバー商会とは、清国に対するジャーディン・マセソン社と同じように、日本侵略商社であったことは明白である。つまり、傍証とも言える事実を積み重ねれば、長州の武器はグラバー商会が〝丸抱え〟して面倒をみたと考えるのが自然ではないだろうか。

それにしても、「四国共同覚書」に密貿易禁止が明記されたことは、グラバー商会と長州にとって厄介なことであった。更に、幕府の統治能力というものは、同時期の清国のそれとは全く違う。このことも列強諸国に、迂闊《うかつ》に手を出せる国ではないと、露骨な侵略を思いとどまらせた大きな要因である。外国船に対する臨検も厳しかったし、条約違反を取り締まる探索能力も外交倫理も全く低くなかった。幕府には、対外協調路線を採るだけの外交能力が備わっていたということであり、このあたりは明治新政府とは違う。

例えば、グラバーの入れ知恵でやったことだが、長州藩士村田蔵六（大村益次郎）が藩所有の船を上海で売却し、その金で小銃を仕入れて帰ってきたことがある。これは、密輸出と密輸入であり、いずれも通商条約に違反し、「四国共同覚書」にも抵触する。幕府外国奉行筋は、これにアメリカ商人ドレークが協力したことを突き止め、アメリカ公使館に対して厳重抗議、関係者の処分を要求した。この結果、まさにこの七月に、アメリカ公使ブリューインは解任されたのである。

第五章　官と賊　百五十年の禍根

　かつて水野忠徳は為替レートをめぐってハリスと渡り合い、通商条約批准使節団の目付として渡米した小栗忠順は五つ玉の算盤をもち出してその改定を迫ったが、徳川テクノクラートの後輩たちは、幕府権威が衰退する中でもアメリカ公使に追い込むだけの外交力を身につけていたのである。平成の外務官僚たちが、材料が揃っているケースにおいてもこの種の要求をアメリカ大使に突きつけようとしたのか。

　こういう環境の中で、グラバーは如何にして長州の密貿易を助けたことがあったか。根本的な問題として、長州は金をもっていないのだ。公使パークスを巻き込んで幕府の金を長州へ回すなどという手法には継続性がない。何せ密輸入しているのは、日本の中央政権を倒すための高価な武器である。

　そこでグラバーが考えついたのが、薩摩を絡めた三角取引である。グラバー商会がジャーディン・マセソン社から仕入れた武器は、薩摩が購入したという形を採る。薩摩は、これを長州に回す。資金のない長州は、武器代金を米で薩摩に支払う。慢性的に米が不足していた薩摩は、長州から米を購入したことになる。長州は武器を、薩摩は米を、グラバーは現金を得て、これで三者の利益が見事に成立するのだ。米は、通商条約によって輸出禁止品目となっているが、少なくとも長州の違法行為は表向きは回避できることになる。

　薩摩の武器密輸入は、今に始まったことではない。

ただ、一つ新たな課題が生じたとすれば、それは長州の米の輸送及びその他の薩長間の往来、薩長とグラバー商会とのやり取りである。このために必要となり、登場したのが坂本龍馬の「亀山社中」である。坂本は薩摩藩が面倒をみていた男で、薩摩藩が長崎で買い入れた船や武器、産品を薩摩へ運ぶ下請け業者のような仕事をして、月々給金をもらって生活していた。グラバーの考案した三角取引によって、この男はグラバー商会の下請け業者として薩摩・長州にとっても必要な存在となったのである。薩摩藩小松帯刀にしてみれば、当てがあったわけではないが、飼っておいてよかったという思いであったろう。グラバーのやっていることは、明白な国際条約違反であるが、この違法行為を成立させることによって「亀山社中」も存在し得たと言うことができるのだ。

「亀山社中」は、司馬遼太郎氏の小説の影響もあって、我が国初の商社だとか、先駆的な企業の原型などと麗しく語られてきたが、実態はグラバー商会の意向に沿って動く、薩摩・長州の密貿易システムに組み込まれた徒党の集団に過ぎない。根っからの商人の血を引く坂本の言葉として、「義理などは夢にも思うなかれ」とか「恥ということを打ち捨てて世のことは成るべし」などという言葉が近代人坂本を表わすものとして愛されているが、そういう神経でなければ死の商人の手先となって日本人同士が殺し合うための武器調達の手伝いなどできないであろう。

かくして朝敵長州は、イギリスの支援を受けて幕府との武力対決の道を突っ走り、次の時代をどうするかという何の青写真を描くこともなく、天皇を「玉」として抱くことによってその権威を前面に押し出す効果を得て、討幕を実現してしまうのである。グラバーが国際条約に違反してまで如何にして薩摩・長州を支援したかについては、明治になってからグラバー自身が堂々と語っている。まさに勝てば官軍を地でいったこの死のイギリス商人もまた、官賊と呼ぶべきであろう。

グラバーは、書記官アーネスト・サトウ、公使ハリー・パークスと連携し得たからこそ大きな利益を手にすると共に、討幕という政治目的も果たすことに成功したが、忘れてはならないことは本国政府がパーマストン内閣であったことだ。この内閣が更に続いていれば、我が国は薩長が傀儡政権を作り、大英帝国が支配する属国となっていた可能性が濃厚なのだ。或いは、日本を舞台にフランスまたは米仏連合軍とイギリス軍の軍事衝突を経なければならなかったかも知れない。

天佑神助《てんゆうしんじょ》と言うべきであろう、慶応元（1865）年、世界中で砲艦外交を展開した首相パーマストンが急死し、ラッセル新内閣が発足、外務大臣にはクラレンドンが就任した。これによって、イギリスの対日方針が一気に、文字通り百八十度転換した。クラレンドン新外相は、パークスに対して厳正中立を厳しく指示したのである。しかし、走り出していた薩長の反乱は急には止まれなかった。まるでアーネスト・サトウのシナリオ通りのような討幕戦となるのだが、イギリス本国政府の方針大転換によって薩摩・長州はそれ以上は進むに進めなかったのである。

思えば、老中首座阿部正弘、大老井伊直弼に率いられた徳川官僚たちは、欧米列強の恫喝外交、砲艦外交によく耐えた。日本人は「神風が吹く」という表現を使って神頼みになってしまうことがあるが、イギリス首相パーマストンの急死こそは「神風が吹いた」としか言い様がないのではないか。

司馬遼太郎氏さえ指摘する通り、明治という時代は江戸期の、即ち、徳川の遺産で成り立っていたと言える。現実に、ノンキャリア組を含めた新政府官吏の六〜七割は幕臣または幕府時代の藩吏であった。そうでなければ、政権・行政を機能させることができなかったのである。幕末日本が列強の侵略を免れたことについては、相手国の政治環境が我が国に有利に働いたこともあるが、そのことも含めて天は徳川幕臣たちの武家としての覚悟を見捨てなかったと思いたい。

それにしても、神官たちが生み出した「官」と「賊」という正義の基準としての概念が天皇原理主義を発生、膨張、定着させたことは、「明治百五十年」が創り出した我が国の将来に対する深刻な禍根と言うべきであろう。今も私には、幕末対外交渉の最前線で、一身を賭《と》して欧米列強に堂々と、かつ必死の思いで対峙した幕臣たちの無念の声が聞こえる。

あとがきに代えて　～一言以て国を滅ぼすべきもの～

薩摩・長州による討幕の背後にグラバー商会の意志、即ち、イギリスの意志が存在していたことは、薩摩・長州が幕府を倒すことによって列強の日本侵略が阻止されたとするこれまでの、いわゆる官軍教育を真っ向から否定するものである。そろそろ史実によって教科書を書きかえる時がきているのではないか。

伊藤俊輔や井上聞多が、薩摩藩士として長崎で武器の密輸入に奔走していた時から凡そ半年後に、俗にいう「薩長同盟」が成立した。半年後というこの一事を以てしても、既にこれまで語られてきたこの〝史実〟はおかしいということになる。この「薩長同盟」が成立したとする歴史では、同盟以前の薩摩と長州は敵同士である。前著でも触れた通り「薩賊会奸《さつぞくかいかん》」という言葉が使われたほど、長州は「禁門の変」で会津に協調した薩摩を「賊」として憎んでいたはずである。そういう関係であったにも拘らず、坂本龍馬の力で両者がやっと手を結んだという、坂本を偉人化するには実にもっともらしいお話が、ここで成立する。土佐の坂本龍馬という、郷士とも言えない浪士がどういう人物であったかについては、幕末史を語る上でさほど意味のあることとは考えられないのでここでは省略するが、この人物についての多くは司馬遼太郎氏の創作または誇張である。ただ、司馬氏が描いたのは「竜馬」という「龍馬」を模した人物を主人公とする小説であって、厳密に言えば司馬氏に罪のあることではない。小説も読み様《よう》によっては有用な資料となり得るが、今日誤った龍馬像が確立してしまっていることは、殆ど読者の側の問題と言うべきであろう。

ただ、一部のタレント学者が、司馬遼太郎を読んで日本史を学ぼうと提唱しているのには呆れるばかりである。小説を読んで歴史を学ぶことの危険性が、「明治百五十年」という虚構の歴史を定着させたことをまだ理解していないようである。私自身が司馬作品の熱烈なファンであるだけに、残念でならない。

繰り返すが、「薩長同盟」なる〝軍事同盟〟は存在しない。

天皇の拉致を新撰組を実行部隊とする尊皇佐幕勢力に阻まれた長州は、「禁門の変」を惹き起こして御所を攻撃し、「朝敵」となった。幕府は、この朝敵を討つべく軍を起こすが（第一次長州征伐）、この時の総督は元尾張藩主の徳川慶勝で、薩摩の西郷吉之助（隆盛）が参謀を務めた。徳川慶勝には全く〝やる気〟がなく、すべては西郷の思惑で事が運ばれることとなる。西郷は、長州に三人の家老と四人の参謀の首を出させ、長州の安泰を図ることで「始末」を終えてしまう。

朝敵長州の言い訳というのは、自分たちは朝敵ではなく「会敵」、つまり、会津の敵であるというものであった。形は足利尊氏でも心が楠木正成なら許される（真木和泉）、などという原理主義の極みとも言うべき暴論を振りかざして御所を砲撃し、京都市街を焼き払っておきながら、詭弁にもならぬ言い訳であるが、この、自分たちは「会敵」であるという長州の屁理屈、逆恨みは、後の戊辰東北戦争の性格を理解する上では非常に重要である。即ち、既に政権奪取に成功し、元号も明治と改まった段階でなお、一貫して「恭順」の姿勢を示し続けていた会津を何が何でも攻撃しなければ気が済まぬという戊辰東北戦争、中でも会津戦争には、何の大義も名分もなく、この戦《いくさ》は戊辰戦争とは切り離して考えるべきであり、京で散々テロリズムを妨害された長州の会津に対する私怨《しえん》を晴らす戦以外の何物でもなかったのである。長州兵が、会津城下でこの先も歴史から消し去ることが到底不可能なほどの人道に反する残虐行為を繰り広げた背景が、この点にあるのだ。

そもそも長州征伐の頃の京都政局の動きとは、徳川家を含めた雄藩連合を想定した主導権争いである。薩摩・長州を含めて、明確に「討幕」を基本方針としていた藩などどこにも存在しない。武力討幕を意識していた薩摩の西郷、大久保、長州の木戸などは、それぞれの藩の主導勢力ではなかったのだ。

このような京都政局の空気の中で、朝敵となったものの、長州に対して同情的な心情をもつ諸大名がいたことは事実である。この時点で、勝者はいわゆる「一会桑」、つまり、一橋慶喜、会津藩、桑名藩である。特に会津藩主松平容保は、孝明天皇の絶大な信頼を得ている。雄藩連合の主導権争いを繰り広げる諸大名には、〝天皇の寵愛〟を一身に受けているかのような会津に対する〝嫉妬〟があったとみられる。敗者に対する同情というより、この会津に対する嫉妬心のような感情が、反作用として長州に対する同情的な空気を生んだと言っていいだろう。会津自身もこういう雰囲気を十分認識しており、この後の長州再征に加わらなかったのも、朝敵長州を討つという大義名分のある戦が会津と長州の「私闘」であるかのように受け取られることを恐れたからである。尚武の気風に富み、強兵で聞こえる会津が参戦していれば、長州再征における戦線の様相は大きく違ったものになっていたであろうが、京都守護、朝廷守護に強い使命感をもっていた松平容保は、常に抑制的に動いていたと言える。

この時、薩摩と長州は既に和解していたのだが、これまで語られてきた幕末史では、会津が妬《ねた》みを受けるような「一会桑」主導の京都政局の流れの中で、慶応二（1

８６６）年一月二十二日、坂本龍馬の英雄的な仲介によって「薩長同盟」が成立したことになっている。これによって遂に歴史は討幕に向かって動き出し、明治近代政府が誕生するに至るというドラマティックなお話ができ上がるのであるが、この麗しい物語は、幕末史を正しく知るためには一度削除した方がいい。

本文でも述べたが、薩摩・長州の「軍事同盟」と認識されている、この、俗にいう「薩長同盟」は、六ヵ条から成るとされている。繰り返すが、以下が、その六ヵ条である。

・幕府軍が長州領内に攻め込んだ場合は、薩摩は兵二千を上洛させる
・長州に勝機がみえた時は、薩摩は朝敵となった長州の復権工作をする
・逆に、長州の敗色が濃厚となった時は、薩摩は朝廷に働きかけ、長州藩の滅亡を防ぐ
・開戦に至らず、幕府軍が江戸へ引き揚げた場合は、朝敵となった長州を征伐するという戦が中止された事実を論拠として、薩摩は長州の復権工作をする
・開戦に至らなかったものの幕府軍が引き揚げなかった場合は、会津、桑名との一戦を覚悟する

・長州の朝敵という汚名が取り除かれた暁には、諸大名が国政に参加できる体制の構築を目指す

以上は、殆どが長州に貼られた朝敵というレッテルを剥がす努力を、薩摩が長州に約束したものであって、討幕という目的に向かって薩摩が長州と運命を共にすることを宣言したようなものでは全くないのだ。

内容をみれば明らかな通り、とても「軍事同盟」と呼ぶべきものではない。「兵二千を送る」とはいっても、その兵力は上洛させるものであって、戦場となる長州へ送るとは言っていない。つまり、援軍ではないのだ。では、兵を上洛させる目的は何か。会津・桑名に対する牽制である。

もうお分かりであろう。俗に「薩長同盟」と呼ばれる薩摩と長州の〝申し合わせ〟は、幕府をターゲットとしたものではない。両藩が強く意識していた標的は、あくまで一橋慶喜、会津藩主松平容保、桑名藩主松平定敬であったのだ。

決定的なことは、薩摩と長州のこの申し合わせが成文化されたものでも何でもないという事実である。同盟だ、それも軍事同盟だとするならば、せめて紙一枚にでも条項を列記し、両者が署名して成立させるのが普通であろう。そういう類のものは存在

しない。

この申し合わせは、後日桂小五郎が坂本龍馬に書状を送り、確認を求めたものである。平たく言えば、桂が坂本に、手紙で、先日の西郷との約束ってこういうことだったよねと確認をとったということなのだ。そして、坂本が、確かにそれで間違いないよと〝証言〟したものであって、体裁という点でも軍事同盟などと呼べるものではない。既にグラバー商会によって結びつけられていた薩摩と長州が、長州再征の気運が高まり、風雲急を告げるといった雰囲気のこの時期に、双方の底意を改めて確認し合ったことは全く不自然なことではない。むしろ、慶応二（１８６６）年一月ということの時期に敵対していた薩摩と長州が手を握り、ここから一気に討幕という流れが表立って奔流となって加速していった、とする方が他の史実との整合性がとれず、不自然である。これこそ、典型的、かつ不備のある「後付け史観」と言うべきであろう。

では、ここに何故坂本龍馬が登場するのか。それは、本文で述べた通り、坂本がグラバー商会サイドの人間であったからに他ならない。薩摩・長州を討幕に駆り立てた裏の主役は、あくまでイギリス公使館と気脈を通じていた死の商人グラバーであって、坂本龍馬とはその手先に過ぎない。

幕末正義の基準は、どこまでも「官」であるかどうかである。「官」に非《あら》ざる者は

「賊」である。薩摩・長州にとって朝廷、突き詰めれば天皇は、この一点のためだけに必要であった。即ち、桂が語っていたように「玉」を抱いた者が「官」として勝者になり得たのである。

長州を「朝敵」としたのは、言うまでもなく朝廷である。しかし、長州が、政権奪取のためには絶対必要な「玉」に逆らうことなどあり得ない。では、政権奪取をあまねく印象づけるための「血」（首）の手当てをどうすればいいのか。最後の将軍となった徳川慶喜の首をとるには、薩摩が実家である天璋院（篤姫）と降嫁した静寛院宮（和宮）の抵抗があまりにも激しい。そこで、代わって「血」を提供させるターゲットとなったのが、恨み重なる会津藩ということになってしまうのだ。薩摩・長州を迎え討たざるを得なくなった会津藩士や兵たちは、粗暴極まりない薩長軍に対峙してみて、彼らは「官」を名乗る「賊徒」ではないかと、当初真剣に疑ったと伝わる。官を名乗る賊、即ち、「官賊」ではないかと。この言葉を最初に使ったのは、ただ流血を求める薩長の犠牲となった会津人である。そして、「官賊」の世は、平成の今も続いている。

思えば、慶応四（１８６８）年二月、有栖川宮熾仁親王《ありすがわのみやたるひと》を総督に戴き京を進発した東征軍とは、軍とは言えないような実に弱々しい軍隊であった。金がなかったのである。京都を出て直ぐ資金不足で金策に駆け回り、大垣でまた金がなくなって進軍停止、付いて回っていた三井の番頭たちがまた京に引き返して金策をしてくるといった具合で、兵站《へいたん》も何もあったものではない。こういう軍に立ちはだかることはさほどの難事ではない。譜代筆頭彦根藩は、何故その立藩のポジショニングに従って、要衝の地佐和山一帯でこの体を成していない軍を食い止めなかったのか。

この問題こそ、討幕が成り立った最大の要因を示唆しているのだ。読書階級、つまり、譜代、外様、或いは幕臣を問わず武士階級には「尊皇意識」が浸透していたという基本的な時代の気分が影響するのである。「玉を抱く」などという発想をする長州人と違って、佐幕人の尊皇意識は、相対的に純粋なものであった。この意識が抵抗するという意識を削ぎ、「恭順」という姿勢を採らせることとなった。ひとたび「恭順」の波が起こると、それは一気に津波のように全国に波及し、薩長の東征軍は大規模な抵抗を受けることもなく江戸城開城まで成し遂げてしまったのである。

教養として行き渡っていた尊皇意識を計算していたかどうかは別にして、うまく利用して「玉」を好きなように抱いた東征軍が東へ進むだけで、諸藩は次々と「恭順」した。司馬遼太郎氏はいわゆる明治維新を「革命」であると定義したが、革命であったとすれば実《まこと》に珍妙な革命であったと言わざるを得ない。歴史社会学を専門とするアメリカの社会学者チャールズ・ティリーは、いわゆる明治維新を指して、革命ではなく、単なるクーデターであると断定している。

幕府は、幕藩体制というアンシャン・レジームの維持に全く固執していなかった。安政の改革、文久の改革、慶応の改革と立て続けに体制の刷新を図り、西周《にしあまね》の『議題草案』にみられるように欧米をモデルとした近代化路線を採った。小栗上野介は郡県制を構想し、徳川慶喜自身もその上でイギリス型公議政体を企図していたことは周知の事実である。そして、安政の五ヵ国条約と言われるように、列強諸国と立て続けに通商条約を締結したことは、自ら自由貿易圏に飛び込んでいったことを意味し、列強のいずれか一国が自国の利益のみを動機として日本を侵害することを難しくした。一気の条約締結は、我が国の安全保障の役割をも果たしたのである。

徳川テクノクラートが描いた日本の近代化というグランドデザインは、幕府が育成した多数の人材が新政府を支えることによって、幕府崩壊以降も継続して維持されていったのである。

ここで、本文では殆ど触れることができなかったが、史実として記憶されるべき何人かの佐幕人の名を挙げておきたい。

新撰組副長　土方歳三
幕府遊撃隊　伊庭《いば》八郎
桑名藩主　松平定敬
老中　板倉勝静《かつきよ》
唐津藩主　小笠原長行
会津遊撃隊　諏訪常吉
外国奉行　永井尚志《なおゆき》
フランス軍　ブリューネ少尉

いずれも「恭順」を拒み、最果ての地箱館に至るまで薩長軍に対して徹底抗戦を貫いた人たちである。中でも、土方歳三は京都から甲府、宇都宮、会津とひたすら戦い続けた。江戸四大道場の一つ伊庭道場の嫡男、「伊庭の小天狗」の異名をもつ美男剣士伊庭八郎も、鳥羽伏見の後、箱根戦争で左手首を失いながら、ただ戦うために箱館まで辿り着いた。フランス士官ブリューネは、異国の地で何を思って箱館まで流れて戦おうとしたのか。

パックス・トクガワーナとも称される平和な時代を創り上げた江戸幕府。その時代に誇りをもつ幕府人の「官賊」に対する身の処し方はさまざまであった。こういう佐幕人は、平成近代日本をどのように評するであろうか。

幕府は、安政五（1858）年七月、水野忠徳、永井尚志、井上清直、堀利熙《としひろ》、岩瀬忠震《ただなり》の五人を初代外国奉行に任命した。これに、筒井政憲、川路聖謨《かわじとしあきら》、大久保忠寛を加えた八名は、日米修好通商条約締結前にいずれも「海防掛」を経験している。彼らが、欧米列強と渡り合った開明派幕臣官僚の中核と言うべき存在であるが、その奮闘の「締め括《くく》り」とも言うべき位置づけにあるのが小栗上野介忠順《おぐりこうずけのすけただまさ》であろう。

小栗を評して「明治の父」と言ったのは、明治維新至上主義者の司馬遼太郎氏であるが、小栗の考えていたことは単に明治国家の青写真ではない。彼の存在こそが、徳川政権による近代日本の構築が十分あり得たこと、明治維新というクーデターが民族としての過ちであったことを示すものであると思えてならないのだ。その意味で、小栗のことは別の機会に独立して整理してみたい。

万延元（1860）年、堀利熙は老中に直言した後、割腹した。岩瀬忠震は、文久元（1861）年、蟄居のまま病死した。井上清直は、慶応三（1867）年末、幕府が西郷の罠にはまった薩摩藩邸焼打ちの前日、激務に斃《たお》れた。井上の実兄川路聖謨は、本文で述べた通り、幕府と運命を共にすべく不随の身で自害した。水野忠徳は、うわ言で幕府を案じながら憤死した。

そして、小栗忠順は、東征軍に真っ先に殺害された。

明治になって、大隈重信《おおくましげのぶ》が言った。「我々が今行っていることは、小栗の単なる模倣に過ぎない」と。

最後に、開明派幕臣の中でもきっての駿傑小栗上野介忠順の言葉を記して、再び筆をおきたい。

一言《いちげん》以て国を滅ぼすべきものありや
どうかなろうと云う一言、これなり

主な参考引用文献・資料

ペリー提督日本遠征記（上・下）　M・C・ペリー（KADOKAWA）
日本人と参勤交代　コンスタンチン・ヴァポリス（柏書房）
英国外交官の見た幕末維新　A・B・ミットフォード（講談社学術文庫　講談社）
「鎖国」という外交　ロナルド・トビ（小学館）
大君の都（上・中・下）　R・オールコック（岩波文庫　岩波書店）
真珠湾　G・モーゲンスターン（錦正社）
氷川清話　勝海舟（講談社学術文庫　講談社）
幕末政治家　福地桜痴（岩波文庫　岩波書店）
幕末外交談　田辺太一（東洋文庫　平凡社）
京都守護職始末　山川浩（東洋文庫　平凡社）
新撰組顛末記　永倉新八（新人物文庫　新人物往来社）
福澤諭吉著作集　丁丑公論　瘠我慢の説　福澤諭吉（慶應義塾大学出版会）

福澤諭吉著作集　西洋事情　福澤諭吉（慶應義塾大学出版会）
岩倉公実記（上・中・下）　多田好問編（原書房）
実録・天皇記　大宅壮一（だいわ文庫　大和書房）
秀吉の南蛮外交　松田毅一（新人物往来社）
文明としての徳川日本　芳賀徹（筑摩書房）
文明としての江戸システム　鬼頭宏（講談社）
幕末　五人の外国奉行　土居良三（中央公論社）
官僚川路聖謨の生涯　佐藤雅美（文春文庫　文藝春秋）
維新の翳　小栗上野介　上村翠（文藝書房）
覚悟の人　小栗上野介忠順伝　佐藤雅美（角川文庫　角川書店）
小栗上野介忠順と幕末維新　高橋敏（岩波書店）
大君の通貨　幕末「円ドル」戦争　佐藤雅美（文春文庫　文藝春秋）
遠い崖―アーネスト・サトウ日記抄　薩英戦争　萩原延壽（朝日文庫　朝日新聞出版）
遠い崖―アーネスト・サトウ日記抄　英国策論　萩原延壽（朝日文庫　朝日新聞出版）
遠い崖―アーネスト・サトウ日記抄　外国交際　萩原延壽（朝日文庫　朝日新聞出版）
幕末外交と開国　加藤祐三（講談社学術文庫　講談社）

世界を見た幕臣たち　榎本秋（歴史新書 洋泉社）

咸臨丸の絆　軍艦奉行木村摂津守と福沢諭吉　宗像善樹（海文堂出版）

咸臨丸航海長　小野友五郎の生涯　藤井哲博（中公新書 中央公論社）

江戸の海外情報ネットワーク　岩下哲典（吉川弘文館）

井伊家の教え　井伊裕子（朝日新聞出版）

幕末の武士道「開国」に問う　小池喜明（敬文舎）

江戸の旗本事典　小川恭一（講談社文庫 講談社）

街道をゆく　長州路　司馬遼太郎（朝日文庫 朝日新聞社）

街道をゆく　島原・天草の諸道　司馬遼太郎（朝日文庫 朝日新聞社）

飢餓と戦争の戦国を行く　藤木久志（朝日選書 朝日新聞出版）

新版　雑兵たちの戦場　藤木久志（朝日選書 朝日新聞出版）

百姓から見た戦国大名　黒田基樹（ちくま新書 筑摩書房）

戦国の合戦　小和田哲男（学研新書 学習研究社）

黒船以降　政治家と官僚の条件　山内昌之・中村彰彦（中央公論新社）

神々の明治維新　安丸良夫（岩波新書 岩波書店）

明治維新と幕臣「ノンキャリア」の底力　門松秀樹（中公新書 中央公論新社）

ある幕臣の戊辰戦争　剣士伊庭八郎の生涯　中村彰彦（中公新書 中央公論新社）
遊撃隊始末　中村彰彦（文春文庫 文藝春秋）
会津戦争のすべて　会津史談会
（新人物文庫 新人物往来社）
新選組　松浦玲（岩波新書 岩波書店）
オランダ風説書　松方冬子（中公新書 中央公論新社）
オランダ風説書と近世日本　松方冬子（東京大学出版会）
「鎖国」という言説　大島明秀（ミネルヴァ書房）
幕末維新　消された歴史　安藤優一郎（日本経済新聞出版社）
国益の検証―日本外交の一五〇年―　武田龍夫（サイマル出版会）
幕末の朝廷―若き孝明帝と鷹司関白―　家近良樹（中公叢書 中央公論新社）
「明治」という国家（上・下）　司馬遼太郎（日本放送出版協会）
「昭和」という国家　司馬遼太郎（日本放送出版協会）
幕末維新史の定説を斬る　中村彰彦（講談社）
評伝　江川太郎左衛門　加来耕三（時事通信社）
箱館戦争と榎本武揚　樋口雄彦（吉川弘文館）

父より慶喜殿へ　水戸斉昭一橋慶喜宛書簡集　大庭邦彦（集英社）
坂の上の雲（一～六）　司馬遼太郎（文藝春秋）
歴史人口学で見た日本　速水融（文春新書　文藝春秋）
乱　綱淵謙錠（中央公論社）
庄内藩酒井家　佐藤三郎（東洋書院）
高松宮と海軍　阿川弘之（中央公論社）
国家なき日本―戦争と平和の検証―　村上兵衛（サイマル出版会）
会津人群像28・33・34　（歴史春秋社）
東大講義録　文明を解く　堺屋太一（講談社）
じっきょう　地歴・公民科資料　81　（実教出版）
ロシアについて　北方の原形　司馬遼太郎（文藝春秋）

本書は、二〇一六年二月に毎日ワンズより刊行された『官賊と幕臣たち　列強の日本侵略を防いだ徳川テクノクラート』を加筆修正し、文庫化したものです。

|著者| 原田伊織　作家。歴史評論家。京都市生まれ。大阪外国語大学卒。広告代理店でマーケティング・プランニングや番組企画などに携わり、独立後プランナー、コピーライター、編集ライターとして活躍。JADMA（日本通信販売協会）の設立にも携わる。2005年『夏が逝く瞬間』（河出書房新社）で作家デビュー。『明治維新という過ち 日本を滅ぼした吉田松陰と長州テロリスト』が歴史書としては異例の大ヒット作となる。本書はその続編。著書には他に『大西郷という虚像』（悟空出版）、『三流の維新 一流の江戸』（ダイヤモンド社）、『官賊に恭順せず 新撰組土方歳三という生き方』（KADOKAWA）などがある。

続《ぞく》・明治《めいじ》維新《いしん》という過《あやま》ち
列強《れつきよう》の侵略《しんりやく》を防《ふせ》いだ幕臣《ばくしん》たち
原田《はらだ》伊織《いおり》

講談社文庫
定価はカバーに
表示してあります

2018年２月15日第１刷発行

発行者――鈴木　哲
発行所――株式会社　講談社
東京都文京区音羽2-12-21　〒112-8001
電話　出版　(03) 5395-3510
　　　販売　(03) 5395-5817
　　　業務　(03) 5395-3615

進行――今井路子（Jプロジェクト）
デザイン―佐藤千明（Jプロジェクト）
本文データ制作―若松麻子（Jプロジェクト）
印刷――大日本印刷株式会社
製本――大日本印刷株式会社

Printed in Japan

ISBN978-4-06-293862-4

講談社文庫　目録

花村萬月　草《くさ》臥《ぶ》し日記〈萬月夜話其の二〉
花村萬月　少年曲馬団(上)(下)
花村萬月　ウエストサイドソウル〈西方之魂〉
花村萬月　信長私記
花村萬月　續信長私記
畑村洋太郎　失敗学のすすめ
畑村洋太郎　失敗学実践講義〈文庫増補版〉
畑村洋太郎　みるわかる伝える
花井愛子　ときめきイチゴ時代〈ティーンズハートの1987〜1997〉
はやみねかおる　そして五人がいなくなる〈名探偵夢水清志郎事件ノート〉
はやみねかおる　亡霊《ゴースト》は夜歩く〈名探偵夢水清志郎事件ノート〉
はやみねかおる　消える総生島〈名探偵夢水清志郎事件ノート〉
はやみねかおる　魔女の隠れ里〈名探偵夢水清志郎事件ノート〉
はやみねかおる　踊る夜光怪人〈名探偵夢水清志郎事件ノート〉
はやみねかおる　機巧《からくり》館《やかた》のかぞえ唄〈名探偵夢水清志郎事件ノート〉
はやみねかおる　ギヤマン壺の謎〈名探偵夢水清志郎事件ノート外伝〉
はやみねかおる　徳利長屋の怪〈名探偵夢水清志郎事件ノート外伝〉
はやみねかおる　都《ま》会《ち》のトム&ソーヤ(1)
はやみねかおる　都《ま》会《ち》のトム&ソーヤ(2)〈乱！RUN！ラン！〉
はやみねかおる　都《ま》会《ち》のトム&ソーヤ(3)〈いつになったら作戦《ミッション》終了？〉
はやみねかおる　都《ま》会《ち》のトム&ソーヤ(4)〈四重奏《カルテット》〉
はやみねかおる　都《ま》会《ち》のトム&ソーヤ(5)〈IN《イン》堀戸《VADE》〉(上)(下)
はやみねかおる　都《ま》会《ち》のトム&ソーヤ(6)〈ぼくの家へおいで〉
はやみねかおる　都《ま》会《ち》のトム&ソーヤ(7)《怪人は夢に舞う〈理論編〉》
はやみねかおる　都《ま》会《ち》のトム&ソーヤ(8)《怪人は夢に舞う〈実践編〉》
はやみねかおる　都《ま》会《ち》のトム&ソーヤ(9)〈前夜祭《EVE》内人《ないと》side〉
はやみねかおる　都《ま》会《ち》のトム&ソーヤ(10)〈前夜祭《EVE》創也《そうや》side〉
勇嶺《はやみね》薫《かおる》　赤い夢の迷宮
橋口いくよ　猛烈に！アロハ萌え
橋口いくよ　おひとりさまで！アロハ萌え〈MAHALO HAWAII〉
服部真澄　極楽行き〈清談佛々堂先生〉
服部真澄　天の方舟《はこぶね》(上)(下)
早瀬詠一郎　つげの箸〈裏十手からくり草紙〉
早瀬詠一郎　平手造酒《みき》
早瀬乱　三年坂火の夢
早瀬乱　レイニー・パークの音
初野晴　1/2の騎士
初野晴　トワイライト博物館《ミュージアム》
初野晴　向こう側の遊園
原武史　滝山コミューン一九七四
原武史　沿線風景
濱嘉之　警視庁情報官〈シークレット・オフィサー〉
濱嘉之　警視庁情報官　ハニートラップ
濱嘉之　警視庁情報官　トリックスター
濱嘉之　警視庁情報官　ブラックドナー
濱嘉之　警視庁情報官　サイバージハード
濱嘉之　警視庁情報官　ゴーストマネー
濱嘉之　鬼《き》手《しゅ》〈世田谷駐在刑事・小林健〉
濱嘉之　電子の標的〈警視庁特別捜査官・藤江康央〉
濱嘉之　列島融解
濱嘉之　オメガ　警察庁諜報課
濱嘉之　オメガ　対中工作
濱嘉之　ヒトイチ　警視庁人事一課監察係
濱嘉之　ヒトイチ　画像解析〈警視庁人事一課監察係〉
濱嘉之　ヒトイチ　内部告発〈警視庁人事一課監察係〉
濱嘉之　カルマ真仙教事件(上)(中)(下)
橋本紡　彩乃ちゃんのお告げ

講談社文庫　目録

講談社文庫　目録

平岩弓枝　はやぶさ新八御用旅(三)〈日光例幣使道の殺人〉
平岩弓枝　はやぶさ新八御用旅(四)〈北前船の事件〉
平岩弓枝　はやぶさ新八御用旅(五)〈諏訪の妖狐〉
平岩弓枝　はやぶさ新八御用旅(六)〈紅花染め秘帳〉
平岩弓枝　新装版 はやぶさ新八御用帳(一)〈大奥の恋人〉
平岩弓枝　新装版 はやぶさ新八御用帳(二)〈江戸の海賊〉
平岩弓枝　新装版 はやぶさ新八御用帳(三)〈又右衛門の女房〉
平岩弓枝　新装版 はやぶさ新八御用帳(四)〈鬼勘の娘〉
平岩弓枝　新装版 はやぶさ新八御用帳(五)〈御守殿おたき〉
平岩弓枝　新装版 おんなみち (上)(中)(下)
平岩弓枝　老いること暮らすこと
平岩弓枝　なかなかいい生き方
東野圭吾　放課後
東野圭吾　卒業
東野圭吾　学生街の殺人
東野圭吾　魔球
東野圭吾　十字屋敷のピエロ
東野圭吾　眠りの森
東野圭吾　宿命

東野圭吾　変身
東野圭吾　仮面山荘殺人事件
東野圭吾　天使の耳
東野圭吾　ある閉ざされた雪の山荘で
東野圭吾　同級生
東野圭吾　名探偵の呪縛
東野圭吾　むかし僕が死んだ家
東野圭吾　虹を操る少年
東野圭吾　パラレルワールド・ラブストーリー
東野圭吾　天空の蜂
東野圭吾　どちらかが彼女を殺した
東野圭吾　名探偵の掟
東野圭吾　悪意
東野圭吾　私が彼を殺した
東野圭吾　嘘をもうひとつだけ
東野圭吾　時生
東野圭吾　赤い指
東野圭吾　流星の絆
東野圭吾　新装版 浪花少年探偵団

東野圭吾　新装版 しのぶセンセにサヨナラ
東野圭吾　新参者
東野圭吾　麒麟の翼
東野圭吾　パラドックス13
東野圭吾　祈りの幕が下りる時
東野圭吾作家生活25周年祭り実行委員会　東野圭吾公式ガイド (読者1万人が選んだ東野作品人気ランキング発表)
姫野カオルコ　ああ、懐かしの少女漫画
姫野カオルコ　ああ、禁煙vs.喫煙
平野啓一郎　高瀬川
平野啓一郎　ドーン
平野啓一郎　空白を満たしなさい (上)(下)
平山　譲　片翼チャンピオン
百田尚樹　永遠の0《ゼロ》
百田尚樹　輝く夜
百田尚樹　風の中のマリア
百田尚樹　影法師
百田尚樹　ボックス！(上)(下)
百田尚樹　海賊とよばれた男 (上)(下)
ヒキタクニオ　東京ボイス

ヒキタクニオ カワイイ地獄
平田オリザ 十六歳のオリザの冒険をしるす本
平田オリザ 幕が上がる
ビッグイシュー 枝元なほみ 世界一あたたかい人生相談
久生十蘭 久生十蘭「従軍日記」
東 直子 さようなら窓
東 直子 らいほうさんの場所
東 直子 トマト・ケチャップ・ス
平敷安常 キャパになれなかったカメラマン(上)(下)〈ベトナム戦争の語り部たち〉
樋口明雄 ミッドナイト・ラン！
樋口明雄 ドッグ・ラン！
平谷美樹 藪の奥〈眠る義経秘宝〉
平谷美樹 居留地同心・凌之介秘帳 小倫敦の幽霊
蛭田亜紗子 人肌ショコラリキュール
樋口卓治 ボクの妻と結婚してください。
樋口卓治 続・ボクの妻と結婚してください。
樋口卓治 もう一度、お父さんと呼んでくれ。
樋口卓治 「ファミリーラブストーリー」
平山夢明 〈大江戸怪談〉どたんばたん(土壇場譚)

平山夢明 〈大江戸怪談どたんばたん(土壇場譚)〉魂《たま》豆《どう》腐《ふ》
東川篤哉 純喫茶「一服堂」の四季
東山彰良 流《りゅう》
藤沢周平 新装版 春秋の檻〈獄医立花登手控え(一)〉
藤沢周平 新装版 風雪の檻〈獄医立花登手控え(二)〉
藤沢周平 新装版 愛憎の檻〈獄医立花登手控え(三)〉
藤沢周平 新装版 人間の檻〈獄医立花登手控え(四)〉
藤沢周平 新装版 闇の歯車
藤沢周平 新装版 市塵(上)(下)
藤沢周平 新装版 決闘の辻
藤沢周平 新装版 雪明かり
藤沢周平 義民が駆ける〈レジェンド歴史時代小説〉
古井由吉 野川
船戸与一 夜《イェ》来《ライ》香《シャン》海峡
船戸与一 新装版 カルナヴァル戦記
藤田宜永 樹下の想い
藤田宜永 艶《つや》めき
藤田宜永 流砂
藤田宜永 子宮の記憶〈ここにあなたがいる〉

藤田宜永 乱調
藤田宜永 壁画修復師
藤田宜永 前夜のものがたり
藤田宜永 戦力外通告
藤田宜永 いつかは恋を
藤田宜永 喜の行列 悲の行列(上)(下)
藤田宜永 老猿
藤田宜永 女系の総督
藤 水名子 紅嵐記(上)(中)(下)
藤原伊織 テロリストのパラソル
藤原伊織 ひまわりの祝祭
藤原伊織 雪が降る
藤原伊織 蚊トンボ白鬚の冒険(上)(下)
藤原伊織 遊戯
藤田紘一郎 笑うカイチュウ
藤本ひとみ 新・三銃士 少年編・青年編〈ダルタニャンとミラディ〉
藤本ひとみ 皇妃エリザベート
藤木美奈子 傷つけ合う家族〈ドメスティック・バイオレンスを乗り越えて〉
福井晴敏 Twelve《トゥエルブ》 Y.O.《ワイオー》

講談社文庫　目録

福井晴敏　亡国のイージス(上)(下)
福井晴敏　川の深さは
福井晴敏　終戦のローレライ I～IV
福井晴敏　6ステイン
福井晴敏　平成関東大震災〈いつか来るとは知っていたが今日来るとは思わなかった〉
福井晴敏　人類資金1～7
福井晴敏　限定版 人類資金7
福井晴敏作　霜月かよ子画　C-blossom《シーブロッサム》〈case《ケース》729〉
藤原緋沙子　遠花火〈見届け人秋月伊織事件帖〉
藤原緋沙子　春疾風《はるはやて》〈見届け人秋月伊織事件帖〉
藤原緋沙子　暖《ぬく》め鳥《どり》〈見届け人秋月伊織事件帖〉
藤原緋沙子　霧の路《みち》〈見届け人秋月伊織事件帖〉
藤原緋沙子　鳴子守《なるこもり》〈見届け人秋月伊織事件帖〉
藤原緋沙子　夏ほたる〈見届け人秋月伊織事件帖〉
藤原緋沙子　笛吹川〈見届け人秋月伊織事件帖〉
椹野道流　禅定の弓〈鬼籍通覧〉
福田和也　悪女の美食術
深水黎一郎　エコール・ド・パリ殺人事件〈レザルティスト・モウディ〉
深水黎一郎　トスカの接吻〈オペラ・ミステリオーザ〉

深水黎一郎　ジークフリートの剣《つるぎ》
深水黎一郎　言霊《ことだま》たちの反乱
深水黎一郎　世界で一つだけの殺し方
深見　真　猟犬〈特殊犯捜査・呉内冴絵〉
深見　真　硝煙の向こう側に彼女〈武装強行犯捜査・塚田志士子〉
藤谷　治　遠い響き
深町秋生　ダウン・バイ・ロー
冬木亮子　書けそうで書けない英単語〈Let's enjoy spelling!〉
古市憲寿　働き方は「自分」で決める
船瀬俊介　〈万病が治る！ 20歳若返る！〉かんたん「1日1食」!!
二上　剛　黒薔薇　刑事課強行犯係 神木恭子
藤野可織　おはなしして子ちゃん
古野まほろ　身元不明《ジェーン・ドゥ》〈特殊殺人対策官　箱崎ひかり〉
辺見　庸　抵抗論
星　新一　エヌ氏の遊園地
星　新一編　ショートショートの広場①～⑨
本田靖春　不当逮捕
堀江邦夫　原発労働記
保阪正康　昭和史七つの謎

保阪正康　昭和史七つの謎 Part2
保阪正康　天皇〈「君主」の父、「民主」の子〉
保坂和志　未明の闘争(上)(下)
堀江敏幸　熊の敷石
堀江敏幸　燃焼のための習作
本格ミステリ作家クラブ編　珍しい物語のつくり方〈本格短編ベスト・セレクション〉
本格ミステリ作家クラブ編　法廷ジャックの心理学〈本格短編ベスト・セレクション〉
本格ミステリ作家クラブ編　見えない殺人カード〈本格短編ベスト・セレクション〉
本格ミステリ作家クラブ編　空飛ぶモルグ街の研究〈本格短編ベスト・セレクション〉
本格ミステリ作家クラブ編　凍れる女神の秘密〈本格短編ベスト・セレクション〉
本格ミステリ作家クラブ編　からくり伝言少女〈本格短編ベスト・セレクション〉
本格ミステリ作家クラブ編　探偵の殺される夜〈本格短編ベスト・セレクション〉
本格ミステリ作家クラブ編　墓守刑事の昔語り〈本格短編ベスト・セレクション〉
星野智幸　毒身
星野智幸　われら猫の子
本田靖春　我、拗ね者として生涯を閉ず(上)(下)
本城英明　警察庁広域特捜官　梶山俊介〈広島・尾道「刑事《デカ》殺し」〉
堀田純司　スゴい雑誌〈「業界誌」の底知れない魅力〉
堀田純司　僕とツンデレとハイデガー〈ヴェルシオン　アドレサンス〉

2017年12月15日現在